「わわわ！ か、身体が、 う、浮く！」
これって何⁉ 身体が軽くなって、
ルウの言霊の詠唱が進むに連れて、ふたりの身体がどんどん軽くなって行く。
魔法女子学園の助っ人教師

モーラル
ルウの配下で、大きな力を秘める美少女。夢魔の一族であり、生気を吸い取る力を持つ。魔族らしく冷酷な面も持つが、ルウのことを愛しており、その言葉には忠実に従う。
フランシスカ・ドゥメール（フラン）
ルウが旅の途中に窮地を救った、美貌の伯爵令嬢。優れた魔法使いにして、魔法女子学園の校長代理兼教師でもある才媛。ルウの力と優しさに惚れ込み、彼を魔法女子学園に赴任させる。
ルウ・ブランデル（ルウ）
あらゆる魔法を使いこなし、精霊や魔族さえ従える最強の魔法使い。幼い頃の記憶を喪失しており、アールヴ（エルフ）に育てられた過去がある。少々世間知らずで天然だが、優しい心に加え、圧倒的な魔法の知識と才能を併せ持つ。

ナディア・
シャルロワ
ジゼルと仲が良い、生徒会
副会長。知的な美少女で、
スレンダーな容姿を持つ、
小悪魔タイプの秀才。学
年成績では常にジゼルの
次席にあるほどの、優れ
た魔法使い。何か秘めた
思惑があるようだが……？
ケルトゥリ・
エイルトヴァーラ
アールヴ（エルフ）の里出
身の魔法使いで、魔法女
子学園の教頭。かつて自
分の才能に限界を感じて
里を出奔し、冒険者を経
て魔法女子学園の教師
に転身した経緯がある。
ジゼル・カルパンティエ
魔法女子学園の３年生で生徒会長。
卓越した剣技と魔法の才を持つ、凛とした美少女。プラ
イドが高く生真面目だが、中身はまだ少女らしい部分が
あり、何かあると感情がすぐ表に出てしまう一面も。

「キスして……」
さらさらな金髪が揺れ、
切なそうにルウを見る碧眼が
濡れたように輝き、
柔らかな桜色の唇は少し開いた。
フランは目を閉じて、
顔をそっとルウへ近づけて行く。
ルウは何も言わず
フランを抱き締めると、
そっと唇を重ねていた。

# 魔法女子学園の助っ人教師

東導 号

TODO GO

画 とよた瑣織

TOYOTA SAORI

口絵・本文イラスト　とよた瑣織

# CONTENTS

第一章　邂逅《かいこう》

## 第1話「救出」

ここは鬱蒼《うっそう》とした深い森。

木々がびっしりと生えており、昼間でも見通しは悪い。

どこまで行けば抜《ぬ》けられるのか、歩いていると吸い込まれるような感覚に囚《とら》われそうになる、そんな深さだ。

陽《ひ》は既《すで》に落ち、薄《うす》い雲を通して月明かりが辺りをぼんやりと照らしている。

森の中をひとりの女らしい華奢《きゃしゃ》な影《かげ》がひとつ……

怪我《けが》をしたらしい足を引きずりながら、必死に逃《に》げている。

女を追う小さな人型の影が数十……誰《だれ》もがぞっとしそうな、おぞましい気配を発しながらひたひたと追っていた。

雲が切れ、月明かりは女を追う多くの影を照らし出す。

その姿は人とも動物とも言えなかった。

個々の身長は1mを少し超《こ》えるくらいしかないだろう。

顔は生まれたての赤《あか》ん坊《ぼう》のように皺《しわ》くちゃだが、妙《みよう》に大人びている。

この世には存在し得ない人外……異形の魔《ま》物共《ものども》であった。

醜《みにく》く吊《つ》り上《あ》がった口からは異様な声が洩《も》れ、それが小波《さざなみ》のように伝わり、やがて全《すべ》ての異形からその怖《おそ》ろしい声が立ちのぼる。

「あぴちゃうひゅううううううううううう」

「ぐわぁびちゃうううううううううううん」

果たしてこれは、まともな声と呼べる代物《しろもの》だろうか？

いや、通常の生物の鳴き声ですらない。

ぴちゃくちゃと舌なめずりするような音を立てながら発する、腸《はらわた》の底から搾《しぼ》り出《だ》すような声。狙《ねら》った獲物《えもの》を喰《く》い殺す感情だけを前面に押《お》し立《た》てた、嫌悪《けんお》感《かん》を催《もよお》す唸《うな》り声《ごえ》だ。

女がいきなり小さな声をあげる。それは絶望に近い溜息《ためいき》とも取れる声。

「ああ！」

女の目の前が切り立った崖《がけ》であり、その先にあるべき道が削《けず》り取《と》られたように存在していなかったのだ。

「あうふおおおおおおおおおおおおお」

「ひゃあっはああああああああああぁっ」

獲物をやっとの事で追いつめた歓喜《かんき》の感情だろうか？

異形が一斉《いっせい》に吼《ほ》えた。

月明かりは異形共同様、追《お》い詰《つ》められた女も照らし出している。

若く美しい女であった。

年齢《ねんれい》は２０歳《さい》を少し超えたくらいであろうか、身長はそこそこ高く、輝《かがや》くような金髪《きんぱつ》と綺麗《きれい》な碧眼《へきがん》を持っている。

鼻筋のすっと通った美しい顔立ちには、さすがに疲《つか》れが色濃《いろこ》く生じていた。

しかしこのような状況《じょうきょう》でも上品な物腰《ものごし》と、鋭《するど》く放たれる眼差《まなざ》しには女が只者《ただもの》では無い事をうかがわせている。

最後の抵抗《ていこう》を試みようとするのか、女は何かを呟《つぶや》き両手を合わせた。

するとその手と手の間にぽうっと淡《あわ》い白光が生じる。

眩《まばゆ》い白光はやがて小さな火球になり、徐々《じょじょ》に大きくなって行く。

それを見た異形共も、意味不明な言葉を唱えると女の発動させた物より更《さら》に大きな火球を出現させた。

しかし発動させた火球が、異形共よりほんの少しだけ早かったのは、まだ女にツキが残っていた証《あかし》だろう。

渾身《こんしん》の力で異形共へ火球を放つと、女は相手の火球が着弾《ちゃくだん》する前に崖からその身を投げ出したのである。

女の意識はあっという間に手放された……


「気がついたかい？」

気を失ってどれくらい経《た》ったのだろうか？

遠くで若い男の声がするが、意識を取り戻《もど》しつつある女の目は、まだ上手《うま》く開かない。

懸命《けんめい》に目を開けようとする女の視界が徐々に開けて行く。

薄ぼんやりとした中に男がひとり座《すわ》っている。

季節は春だが、夜の森はひんやりしていた。

男は焚《た》き火《び》をして暖を取っているらしい。

ぱちぱちと音をたてて炎《ほのお》が立ち昇《のぼ》っていた。

完全に意識を取り戻した女はハッとして起き上がり、本能的に身構えようとする。

しかし女の全身に激痛が走り、唸り声を上げながら力無く伏《ふ》してしまう。

気がつくと、女の身体には誰のものか分からない薄汚《うすよご》れた外套《マント》がかけられていた。

男は背を向けたまま言う。

「無理をしないで横になっていた方が良い、あんたは高い崖からいきなり落ちてきたんだ。いくら身体強化の魔法《まほう》を掛《か》けていても無茶《むちゃ》過ぎる。命があっただけでも、めっけもんだ」

「…………」

女は黙《だま》ったまま、訝《いぶか》しげな表情を見せた。

身体強化って？　何故《なぜ》？　何故、私がその魔法を使ったか分かるのだろうか、と。

「ははっ、警戒《けいかい》しているな？　俺《おれ》が怪《あや》しいと思っているんだろ？　まあ無理もない、魔法に関しては故郷の村で親代わりに育てられた人に習ったのさ」

まるで女の考えを読み取ったように、男はこともなげに言い切る。

女は男に少しだけ興味がわいた。果たしてどのような相手なのか見たいと思ったが、男は相変わらず背を向けている為《ため》に風貌《ふうぼう》は分からない。

「どうして？」

助けてくれたの？　と、聞きかけた女は、まだ助けて貰《もら》ったお礼、いや自分の名前さえも告げていなかった事を思い出す。
「ありがとう、とりあえずお礼をいっておくわ。私の名前は……」
「待て！」
女が自分の名を名乗ろうとした時であった。
男が手を挙げて女を止め、「話は後だ」と呟いたのだ。
「奴等《やつら》、あんたを追って来たらしい。この魔力波《オーラ》……人の物ではないな」
男の言葉を聞いて、女は既に死を覚悟《かくご》していた。
とりあえず助けてくれはしたが、目の前の男は完全に味方かどうかも分からない。
自分を救う為に戦ってくれるのかもしれない、などと期待するのは幻想《げんそう》だ、と。
冷静に判断しても追って来る相手は異形な魔物の群れで、こちらはたったひとり。
ただでさえ敵《かな》わぬ相手であり、その上自分は使える魔力が殆《ほとん》ど残っていない。
身体の自由も碌《ろく》にきかず満足に戦えない手負いの身体でもある。
生きながら奴等に喰われるくらいだったら、いざとなったら自らの命を絶とうと……
女はすぐ覚悟を決めていたのだ。
しかし、とても不可解であった。
何故ならば、女には敵が迫《せま》っている事を一切《いっさい》探知出来ていなかったからだ。

残り少なくなった魔力を使って必死に索敵《さくてき》しているのに……

思えばこのように悲惨《ひさん》な状況になったのは、女が使っていた索敵の魔法が一切効かず、不意を衝《つ》かれたせいでもある。

女がそのような事を考えていると、男がぽつりと呟いた。

「ん、まあ、大した奴等じゃないな。飯食った後の軽い腹ごなしくらいにはなりそうだ、どうする？　俺が全部、殺《や》っていいのか？」

「え？」

大した奴等じゃない？　軽い腹ごなしくらい？　あいつらが？

女が驚《おどろ》いていると、男が背を向けたまま手を挙げて左右に振《ふ》る。

「まあ……任せろ！」

「あ!?」

男の頼《たの》もしい言葉を聞いた途端《とたん》、女は懐《なつ》かしさで一杯《いっぱい》になる。

今は亡《な》き彼女《かのじょ》の婚約者《こんやくしゃ》が良く言っていた口癖《くちぐせ》であったからだ。

「ラインハルト……様」

思わず発した女の呟きは静かに闇《やみ》の中へ溶《と》け込んで行く。

「来る！」

女の呟きと同時に、声を発した男はゆっくりと立ち上がった。


男は両手を広げ、背後で震《ふる》える女を守るように立ち尽《つ》くしている。

赤々と燃える焚き火が男の長身痩躯《そうく》を闇に浮《う》かび上がらせていた。

いつの間にか、醜悪《しゅうあく》な異形共が男と女をぐるりと取り囲んでいる。

しかし男の表情に臆《おく》した所は全く無い。

「ふん、どこぞの錬金術師《れんきんじゅつし》か死霊《しりょう》術師が戯《たわむ》れに造った擬似生命体《ホムンクルス》か？　どうやら魔法もそこそこ使えるみたいだな」

「ああああああえええええええああああああ」

「ひゃうううううううううううううううん」

異形共は男と女を遠巻きにして、不気味に囀《さえず》っていた。

自分達《たち》の前に立ち塞《ふさ》がる男を完全に敵と認めた上で、その背後に居る女共々殺そうと負のオーラを放っているのだ。

「お前等《ら》がまともな人間ならいろいろと聞きたい所だが、これではな……」

肩《かた》を竦《すく》めた男の呟きに対し、異形共は先程《さきほど》と同じように言霊《ことだま》らしきものを詠唱《えいしょう》する。異形共の頭上には、またもやいくつもの火球が現れた。

「ほう！　この俺に火属性の魔法で来るのかい……」

男の口から「ふっ」と息が吐《は》かれ、口角が僅《わず》かに上がった。

皮肉とも見える笑《え》みが男の顔に浮かぶ。と、同時に異形共が意味不明な叫《さけ》びを発すると、夥《おびただ》しい数の火球が凄《すさ》まじい勢いで殺到《さっとう》する。

男と女の命はもはや風前の灯《ともしび》と思われた。

大量の火球が男の前で炸裂《さくれつ》しようとした瞬間《しゅんかん》であった。

いきなり巨大《きょだい》な見えない手で掴《つか》まれたように、全ての火球が一斉に消《き》え失《う》せたのだ。

「くわおおおおおおおおおおお」

「はえおおおおおおおおおおお」

異形共から驚きの声が上がった。

「ま、まさか⁉」

横たわったまま動けない女も驚愕《きょうがく》の表情を浮かべている。

これは魔法障壁《まほうしょうへき》⁉　い、いえ、違《ちが》う！　魔法障壁なんかじゃない！　す、凄《すご》い！　これは魔法の……攻撃魔法《こうげきまほう》の完全無効化だわ！

「あああああえええええええあああああ」

「ひゃううううううううううううん」

異形共は驚いた顔を見合わせると何かを叫び、男を葬《ほうむ》ろうと再び魔法による火球を放《ほう》り込んで来る。しかし、先程起こった出来事はまぐれでも錯覚《さっかく》でもなかった。

またもや同じように男の前で、火球があっさりと消え去ったのだ。

「おかげで自分の魔力を使わずに済む。なあ、火蜥蜴《サラマンダー》」

誰かに話しかけるように呟いた瞬間、男の全身が紅蓮《ぐれん》の炎で包まれたかに見えた。

実際に男の身体が燃え上がったわけではない。

巨大な炎の竜《りゅう》の波動……魔力波《オーラ》が男から放たれ、赤々と立ち昇ったのだ。

「あ、あれが!?　……火蜥蜴《サラマンダー》!?」

火蜥蜴《サラマンダー》……伝説の火の精霊《せいれい》、それがまさに女の目の前に居た。

「ぎぃひゃあああああああああああっ!」

異形共は凄まじい悲鳴をあげる。

火の精霊の凄まじい怒《いか》りの気配を感じたのか、完全に怯《おび》えているのだ。

今までは数を頼んで、自分達より弱い者をいたぶった事しかない醜悪な怪物《かいぶつ》共が初めて恐怖《きょうふ》を感じているのだろう。

男は高く低く唄《うた》う様に詠唱を浴びせかける。

「火蜥蜴《サラマンダー》よ！　汝《なんじ》はこの大地の血脈にして偉大《いだい》なる火の精霊！　人々に生きる力と恵《めぐ》みを与《あた》える神の使い！　我の意思は汝の意思！　この邪悪《じゃあく》なる者共を討《う》て！　聖なる炎の力で全てを焼き尽くせ」

詠唱と同時に、火蜥蜴の形をした炎は更に巨大な火柱となって立ち昇る。

火蜥蜴は一体ではない、数万もの火の精霊が男によって召喚《しょうかん》されたのだ。

「行け！　火蜥蜴《サラマンダー》！　奴等を滅《ほろ》ぼせ！」

かあああああああっ！

炎の渦《うず》が凄まじい声で咆哮《ほうこう》した。

「ひゃあああああああああああ」

とうとう異形共が恐怖に耐《た》え切れず、絶叫《ぜっきょう》をあげて逃げ出した。

燃え盛《さか》る炎の渦と化した火蜥蜴は大空を悠々《ゆうゆう》と舞《ま》いながら異形共を追い、容赦《ようしゃ》なく灼熱《しゃくねつ》の炎を降《ふ》らせて行く。

まともに炎を浴びた異形は苦悶《くもん》しながら、あっという間に炭化し、粉々になる。

大勢《たいせい》は呆気《あっけ》なく決した。

……女を襲《おそ》った数十ものおぞましい異形共は跡形《あとかた》も残さず全滅《ぜんめつ》したのである。

# 第２話「命令」

女は呆然《ぼうぜん》としていた。
今、自分の目の前で起こった光景は果たして現実なのだろうか、と。
目の前の男が振り向《む》き、にかっと笑う。
慌《あわ》てた女は男の顔を凝視《ぎょうし》するが、初めて会った男だ、見覚えなどある筈《はず》がない。
やっぱり別人……かつての婚約者の口癖を聞いてつい舞い上がってしまったか……
女の心が少し落胆《らくたん》に染まる。
男は女が横たわっている傍《かたわ》らに「よいしょっ」と言い、腰《こし》を下ろした。
仕草が何故か、年寄り臭《くさ》く可笑《おか》しくて女はくすっと笑う。
女の笑顔《えがお》に釣《つ》られて男もまた、にかっと笑った。
改めて女が良く見ると、男も自分と同じくらいの年齢のようである。
２０歳前後だろうか、そんな事を女が考えていると男が笑顔を向けて来る。
「敵は残らず掃除《そうじ》してやったからな」

「あ、ありがと……」

「おっと！　まだお互《たが》いに名乗っていなかったな、俺はルウ、ルウ・ブランデル。これでも一応、魔法使《まほうつか》いなんだ」

ルウ・ブランデル？　やっぱり知らない名前だわ。

それに一応魔法使い？　……こんなに実力がある癖《くせ》に嫌味《いやみ》なくらい謙虚《けんきょ》ね。

「ううう、私はフランシスカ・ドゥメール。良ければフランって呼んでね」

「おっす、フラン。これから宜《よろ》しくな」

「た、助けてくれてありがとう。痛たたた、私も、い、一応魔法使いよ」

「へぇ、フランもか、よければあの化け物に追われるまでの経緯《いきさつ》を話してくれないか？」

「く、くう！　こ、こっちも何故、こんな森の中に君が居たか聞きたいわね」

ルウの質問に答えようとするフランの顔が苦痛に歪《ゆが》む。

身体強化の魔法でなんとか命をとりとめたとはいえ、高い崖からの落下はフランに相当なダメージを与えていたのだ。

フランの様子を見たルウが「しまった！」という表情で頭を掻《か》く。

「悪い！　フラン、お前、崖から落ちたから、身体が凄く痛いんだよな……」

「ううん……大丈夫《だいじょうぶ》、よ。いたたたた！」

「御免《ごめん》、フラン、今……治してやるからな」

ルウは微笑《ほほえ》むと、また言霊《ことだま》らしきものを詠唱し始めた。

高く、低く……ルウの声が辺りに朗々と響《ひび》く。

それは火蜥蜴を呼び出した時と同様に、フランがあまり聞いた事の無い不思議な響きであった。

「大地の息吹《いぶき》である風よ、大地の礎《いしずえ》である土よ、大地に命を育《はぐく》む水よ、そして大地の血流である火よ。我は称《たた》える、その力を！　我は求める、その力を！　我は与える、その力を！　愛する者に満ち満ちて行かん、大地の癒《いや》しを！　さあ、この者に与えたまえ！」

詠唱が完了《かんりょう》すると、ルウの手から白光が煌《きらめ》き、フランの身体を包《つつ》み込んだ。

白光に包まれたフランは呆然として一体何が起こっているのか、分からない。

しかし白光が消えてフランが我に返ると、身体の痛みが全く無くなっているのに気付き愕然《がくぜん》とする。

「え、ええっ！　ど、どうして⁉　い、痛みが取れているよ。ど、どうもありがとう！　今のって聞いた事のない魔法式だけど……君って治癒《ちゆ》の魔法も使えるの？」

「ああ、ほんの少しくらいは、な」

ほんの少しくらいは、って⁉　な、何、この人！

フランは思わず吃驚《びっくり》して、ルウを穴のあくほど見詰《みつ》めてしまうのであった。


ルウとフランは森の中で向かい合って話していた。

異形共を倒《たお》してから、どれくらい時間がたったのだろうか、もうすぐ夜明けである。

「話を戻すと、何故、君がこの森に居たのか聞きたいんだけれど……」

フランが不思議そうに問《と》い質《ただ》すが、ルウの答えはあっけらかんとしたものであった。

「ははっ、俺の方は簡単さ。ずっと爺《じい》ちゃんと暮らしていたんだけど、先月死んじまったんで当ても無い旅に出たのさ」

「当ても無いって……こんな森の中に？」

当ても無い旅とはいえ……何故、こんな森の中に居るの？

フランにはとても不思議だった。

「俺はさ、１０年くらい前だけど……ここは違う森で記憶《きおく》を失くしてさまよっていたんだ。そこを爺ちゃん、そうアールヴって種族なんだけどさ、その爺ちゃんに拾われた」

ルウの言うアールヴとは、エルフとも呼ばれ、かつて神に眷属《けんぞく》として仕えた北の妖精族《ようせいぞく》の末裔《まつえい》だ。

若く美しい姿のまま、数千年の長命を保つ種族である事は良く知られている。

人間に良く似た風貌ではあるが、体格がやや小柄《こがら》かつ華奢であり、尖《とが》った独特な耳が特徴《とくちょう》だ。人間に比べると膂力《りょりょく》は劣《おと》るが、豊富な魔力を持ち、魔法の行使には長《た》けているので優《すぐ》れた魔法使いを輩出《はいしゅつ》する。

「アールヴかぁ、知っているわよ。私が校長見習いをやっている学校の教頭もそうだから」

フランは学校でいつも気難しそうな顔をしているアールヴの顔を思い出したが、いつも怒《おこ》っている様な顔しか浮かんで来ないので、慌てて顔を横に振った。

「その爺ちゃんがさ、『ルウよ、森は色々な事を教えてくれる、たくさんの精霊、妖精、魔物、獣《けもの》が棲《す》んでいる、旅に出たら様々な森と触《ふ》れ合《あ》え』って遺言《ゆいごん》を残したんだ」

「……精霊や妖精は分かるけど、魔物や獣と触れ合えって、何？　……変わった方ね」

フランは苦笑《くしょう》するが、ルウはまったく気にしていなかった。

「そうかな？　で、たまたまこの森で野宿していたら目の前にフランが落ちて来たってわけさ」

「はぁ……落ちて来たって、こっちは殺されると思って必死で崖から飛び降りたんだけど」

「ははっ、御免な。でも助かったから良いじゃないか」

『天然』なルウのノリに、フランは少し不満そうだ。

「それは……確かに、そうだけど」

口篭《くちごも》るフランに、今度はルウが問う。

「じゃあ、今度はそっちの番だ。何でフランはこの森であんな奴等に追われていたんだ？」

ルウに経緯《いきさつ》を聞かれたフランは、ぽつりぽつりと話し始めた。

身分はヴァレンタイン王国の貴族である事。魔法女子学園という学校の理事長の娘《むすめ》で校長見習いをしている事。

隣国《りんごく》のロドニアで魔法学の研修を終えて王都セントヘレナへ帰る途中《とちゅう》で襲われた事。

フランを救う為に護衛の騎士《きし》5人は多分全員が殺されてしまった事。

敵の数が多すぎた為に、魔力がほぼ尽きて逃げている所をルウに助けられた事。

フランは話し終わると、疲れたように息を吐いた。

ルウに事情を話しながら、よく自分は助かったと安堵《あんど》したからだ。

「よかったなぁ！　フランは生きていて」

ルウは笑顔を見せたが、フランは俯《うつむ》いてしまう。

「そう言われても素直《すなお》に喜べないわ。騎士様方とその奥様達《おくさまたち》とは普段《ふだん》とても懇意《こんい》にしていたから……」

「そうか……」

フランの表情が辛《つら》そうなのは昨夜の悲惨な記憶が甦《よみがえ》ったからに違いない。

暫《しばら》くフランを見詰めていたルウであったが、大きく頷《うなず》き、ぽんと胸を叩《たた》いた。

「よっし！　じゃあ、俺がフランを守る！　騎士さん達の代わりに王都セントヘレナまでフランを送って行ってやるよ。まあ、任せろ！」

「ええっ！」

ルウから出たいきなりの提案に対して、フランは呆気に取られている。

どうしてこの男《ひと》は、見ず知らずの私に対してこんなに親切なんだろう？

それにさっきから助けたお礼を一切要求しないのは何故だろう？

誰だって私の家柄《いえがら》を聞いたら、たくさん謝礼をくれって言う筈なのに……そしてまた『あの言葉』も言ってくれたのだ。

フランの中で心から嬉《うれ》しさが込み上げて来た。

目の中が熱くて痛い。涙《なみだ》が……溢《あふ》れそうになって来る。

「遠慮《えんりょ》するなよ、フラン！　お安い御用《ごよう》さ、どうせ当てなんて無い旅だから。それにヴァレンタインは冒険者《ぼうけんしゃ》の国だろう。俺はフランを送った後、冒険者にでもなるさ」

「え？　ぼ、冒険者に⁉　ルウが？」

ルウの思《おも》い掛《が》けない答えにフランは戸惑《とまど》った。

魔法使いが能力を活かして稼《かせ》ぐ為《い》に、ギルド所属の冒険者になるのは良くある事だ。

だがフランの中で、その選択肢《せんたくし》は到底《とうてい》受け入れられなかったのである。

「ええっとバートランドだっけ？　王都の南にある冒険者の街だと爺ちゃんから聞いたぞ」

「ええ……確かにその通りだけど」

口籠るフランに、ルウは悩《なや》むような素振《そぶ》りを見せた。

「なあ、俺ってフランから見て素質無いかな？　魔法使いの？」

「ルウの素質……　魔法使いの……素質」

フランはルウの言葉を何度も繰《く》り返《かえ》している。

「ああ、大丈夫かな？　魔法使いって冒険者のクランでは結構、重宝されるんだよな」

不安そうに口を開くルウを見て、フランの脳裏《のうり》にはルウが火蜥蜴《サラマンダー》を使いこなして敵を殲《せん》滅《めっ》するシーンが浮かんでいた。

「だ、駄目《だめ》！　ルウったら絶対に駄目よ！」

フランがいきなり大声で叫ぶ。

「おおっ？　何が駄目なんだ？」

ルウは驚いた。いきなりフランが叫び出した理由が分からない。

「冒険者なんかになる事よ！」

叫びながら、フランは自分でも何を言っているかが分からなくなっていたが、ここでルウを絶対に手放してはいけない事を本能的に感じていた。

「ええっ⁉　冒険者なんかにって、冒険者は駄目なのか？」

「そうよ！　冒険者なんて駄目！　貴方《あなた》は魔法の才能があるもの！　凄いもの！」

「ほ、本当か？　俺、いつも爺ちゃんにまだまだって言われていたからさ」

「いいえ、命令します！　ルウ・ブランデル！　貴方は私の母が理事長をするヴァレンタイン魔法女子学園の臨時教師になるのです！」

フランには、もはやルウの声など聞こえていなかった。

そして夢中になって一方的に話すあまり、自分の命の恩人に対していつの間にか、命令口調になっているのに気付いてもいなかったのだ。

# 第3話「飛翔」

翌朝……

朝日が暖かい日差しを送ってくるのを感じてフランは目を覚ました。

えぇっ⁉　私、私……昨夜、彼《かれ》に何を話したんだろう。

フランは思い出した……

ルウへ思いっきり自分の気持ちを告げた後、疲れが出てそのまま眠《ねむ》ってしまったのだ。

一瞬《いっしゅん》、本能的に着衣の乱れを気にしたフランではあったが、見た所、何の異常も見られなかった。

それどころか、最初に目を覚ました時と同様に薄汚れた外套《マント》が身体に掛けられていたのである。

「おおっ、フラン、起きたか？」

見上げると真上にルウの屈託《くったく》の無い笑顔があり、フランは何故かホッとする。

「腹減っているだろう？　よかったら朝飯、食うか？　俺の旅の携行食《けいこうしょく》だから大したものは無いというか、貴族の口にはまるで合わないかもだぞ」

フランは元気良く起きると、ルウが用意してくれていた冷たい水で顔を洗う。

「えへへ……」

ルウの横に座り、彼の横顔を見詰めると自然と笑みがこぼれてしまうのが不思議だ。

「朝飯は兎《うさぎ》の乾《ほ》し肉に、アールヴの作ったハーヴティーだけど……」

「た、食べる！　食べる！」

「アールヴってのは何でも知っているんだな、俺の爺ちゃんは天寿《てんじゅ》を全《まっと》うしたってさ」

「……あ、お茶が美味《おい》しいっ！　お肉も凄く美味しいっ！」

フランが兎肉をぱくつく中、ルウもハーヴティーを啜《すす》りながら、しみじみと呟いている。

彼の知識は約１０年間に渡《わた》り、育て親であるアールヴの老人から叩き込まれたという。

何となく気になったフランは、ちょっとした好奇心《こうきしん》からルウへ聞いてみたくなった。

「ねぇ……あくまでも参考レベルで聞いても良い？」

「何？　フラン」

「ルウがお世話になったアールヴのお爺ちゃんって、一体おいくつで亡くなられたの？」

フランは自分で聞いておきながら、だんだん緊張《きんちょう》して来た。

「う～ん、確かアールヴ族の中でも特に長寿《ちょうじゅ》で７千歳くらいだったって、皆《みな》が言ってたな」

「なななな、7千歳⁉」

「ああ、この大陸の神代《かみよ》の時代と言われた頃《ころ》から生きていたって」

やっぱり！　とんでもない話だ。神代から生きていた7千歳のアールヴって？

も、もしかして凄く偉《えら》い人じゃないのだろうか？

フランは恐《おそ》る恐る聞いてみた。

「あ、あの……もしかして特別な称号《しょうごう》とか……その方について いなかった？」

「うん！　アールヴの部族全部を束ねる『ソウェル』って言っていたぞ」

「ソウェルって……あ⁉」

ああ、思い出した！　ソウェルって……確かアールヴ達の言葉で太陽って意味だ。

それだけじゃない、部族を纏《まと》める総指導者、アールヴ族の頂点に立つ人じゃない！

フランは話の大きさに驚いて、つい口をぱくぱくしてしまった。

「で、さ。爺ちゃんが死ぬ前に俺の跡《あと》を継《つ》げって言ったんだけど、俺、人間でアールヴとは寿命《じゅみょう》も全然違うし、他にやりたい事もあるし――――」

ソウェルの跡を継げって、何？

人間がアールヴ族の指導者になるって、とんでもない話じゃない。

でもアールヴ族は平均数千年生きるとして、私達人間は精々《せいぜい》生きて100年。

いくらソウェルを継げと言われても困ってしまうだろうな。

フランはふとそんな事を考えながら、ルウにその後の話を聞いてみた。

爺ちゃんと呼ばれる人、すなわちアールヴのソウェルが亡くなってから、彼の遺言通りルウを新たなソウェルに推《お》そうとするアールヴ達も居たらしい。

だが、多くの長老達が猛反対《もうはんたい》したという。

ルウはそんなお家騒動《いえそうどう》が嫌《いや》でアールヴの里を出て来たのであった。

「貴方って……凄い人なんだね」

フランは感心したように呟いた。基本的にアールヴは排他的《はいたてき》で他種族を嫌《きら》う上に、種族としての自分達の優位性を誇《ほこ》る傾向《けいこう》があるからだ。

「ははっ、俺が凄いって？　そんな事はないよ。もし凄かったら、俺はもう素晴《すば》らしい魔法使いになっているさ」

フランはルウの言葉を聞いて思わず微笑む。

でも、君はその凄いアールヴの長《ソウェル》に１０年間も徹底的《てっていてき》に鍛《きた》えられたんだ。

人間なのにソウェルの跡を継げだなんて、余程《よほど》気に入られていたんだろうね。

フランは相変わらず穏《おだ》やかな表情のルウをじっと見詰めたのである。

「さて、そろそろ襲撃《しゅうげき》地点に行ってみようか？」

ルウが事も無げに言うのでフランは耳を疑ってしまった。

ロドニア王国からの帰途《きと》、いきなり襲撃されて懸命に戦ったがすぐ劣勢《れっせい》に陥《おちい》った。

数名の騎士があっという間に殺され、残った護衛の騎士達《きしたち》から「逃《に》げろ！」と言われ、何とか異形共の攻撃《こうげき》を防ぎながら、方角など考えずフランは無我夢中《むがむちゅう》で逃げた。

だから襲撃地点がどこかも、どう行けば良いのかも分からない。騎士達の安否はぜひ確かめたいが、ルウが居るとはいえ奴《やつ》ら異形共の新手が居たらとても危険である。

「でもさ、フラン。騎士さん達の安否確認《かくにん》と、もし亡くなっていたら遺品を回収しないとまずくないか？　それにフランの荷物もあるだろう？」

「確かに彼等《かれら》の安否を確認した方が良いし、私の荷物も回収したいのはやまやまだけど」

「だったら決まり！　なあに飛翔魔法《ひしょうまほう》を使えばすぐ行けるよ」

「ふ、ふへえっ!?」

フランは思わず、変な声を出してしまった。

年頃《としごろ》の乙女《おとめ》として二度と出したくない声だ。

「もうっ！　吃驚して思わず変な声が出ちゃったじゃない、ルウのせいだよ！」

「お、俺のせいか？」

驚いて頭を掻くルウを見て、フランは可笑しくなって来た。

本当は違う、ルウのせいじゃなく単なる八つ当たりなのだから。

しかしこの人はとんでもない事を言う。

フランは呆気に取られて、ついまじまじとルウを見てしまった。

だって飛翔魔法なんて、ルウが軽く言うほど簡単に使えるものじゃないわ。

そもそも私達の使う魔法式に飛翔魔法なんて無いし！

ええと、確か飛翔魔法を発動するには、気難しい風の精霊《シルフ》と魂《たましい》の交歓《こうかん》をして気に入って貰い、自由自在に身体を動かして貰うって魔導書《まどうしょ》には書いてあったっけ。

そんな高難易度の精霊魔法《せいれいまほう》が使えるなら、何とか可能らしいけど……

そんな凄い魔法は、あのお母様でも無理！　到底無理！

確かアールヴ族の中でも限られた風の上級魔法使いくらいじゃない、飛翔魔法を使えるのって。そんなの、私になんか絶対無理よ！

フランの表情が急速に曇《くも》って行くのを見て、ルウは腕組《うでぐ》みをして首を傾《かし》げる。

「そうか、フランは飛翔が出来ないのか？」

ぐさっ！

ルウの言葉が音を立ててフランの心に突《つ》き刺《さ》さる。

そんなにがっかりな声で言わないで！　とどめ刺されちゃうし！

「じゃあさ、こうしよう。アールヴの里じゃあ皆やっているぞ」

ルウは何と！　両手を広げておいでおいでをしている。

「俺にしっかり抱《だ》きついて欲《ほ》しい、そのまま飛翔するから」

ええええっ⁉　ルウに……私が男性に抱きつくの？　だって⁉

「アールヴの里では飛翔魔法を覚えるために、飛べる大人に小さな子供が摑まるんだ。まあ全員が習得出来るとは限らないけど、な」

「あの……私は小さな子供と同じ……なの？」

フランは拗《す》ねた目で睨《にら》んだが、ルウはおかまいなしに説明する。

ルウによれば、抱き合えば術者が飛翔魔法を発動する際に放出する魔力波《オーラ》を体感し易《やす》くなり、アールヴの子供達はより飛翔魔法を覚えやすくなるのだそうだ。

フランはルウの説明を聞いて、無理矢理《むりやり》自分を納得《なっとく》させる。

ルウの言っている事は正しい！

これは魔法《まほう》の勉強だから仕方が無いのよ！

貴重な魔法を体験する為《ため》なら、ルウに抱きついたってお母様もきっと許してくださるわ。

フランはためらいながらも、ルウにしっかりとしがみついたのである。

「…………」

「…………」

暫《しば》し沈黙《ちんもく》がその場を支配する。

そして不思議な事に、フランを抱いているルウがそのまま動かないのだ。

どうしたのかと思ったフランであったが、唐突《とうとつ》にルウから言葉が投《な》げ掛《か》けられる。

「フラン、お前って、いい香《かお》りがするな……それに」

「それに何？」

何かとても良い予感がして、フランは続きが絶対に聞きたかった。

「お前って可愛《かわい》くて……その……美人だ」

やっぱり自分が絶対に聞きたかった答えだった！

フランは黙《だま》ってルウの胸に顔を埋《うず》めた。身体が……熱くなって行く。

もう！　ルウったら何を言い出すのかと思えば……でも嬉しい！

でも私に伝わる鼓動《こどう》はルウの心臓のものかしら？　凄くどきどきしているみたい？

「よ、よし、始めるぞ！　ああ、フラン、硬《かた》くならずにリラックスしてくれよな」

人の事が言えないじゃない、貴方？

フランは自分の甘《あま》えた顔を見られたくなくて、ルウの胸に顔を埋めたままだ。

鼻を鳴らして甘えるフランをしっかり抱き締《し》めると、ルウは真顔に戻《もど》り言霊《ことだま》の詠唱を始めた。

「大地の息吹である風よ、その揺蕩《たゆた》う思いを我は知る！」

ルウの詠唱を聞きながら、フランは自分達を見守る不思議な気配を感じた。

な、何！　この感覚は⁉

ここには私とルウ以外は誰《だれ》も居ないのに他の誰かが私を見ている？

貴女達《あなたたち》は誰、誰なの？　この世界の人智《じんち》を超《こ》えた存在達？

「颯々《さつさつ》たる、風の精霊《シルフ》！　我、汝の美しき思いを受け止めよう！　汝、素晴らしき風の力を以《もつ》て我を摑まえよ！　我、母なる大地より旅立つために汝の力を欲《ほつ》する！」

ルウの言霊の詠唱が進むに連れて、ふたりの身体がどんどん軽くなって行く。

わわわ！　これって何⁉　か、身体が、身体が軽くなって、う、浮く！

「飛翔《フライト》！」

ルウが詠唱を終えた瞬間、飛翔魔法の源《みなもと》である風の精霊《シルフ》の力で、ルウとフランはあっという間に大空へ飛ばされていたのだった。

# 第4話「慟哭」

頬《ほお》に当たる風が気持ち良い！

フランはルウにしっかり抱きかかえられて大空を飛んでいた。

森の木々が遥《はる》か下に見え、見えた景色が凄い速度で後方へ遠ざかって行く。

フランは初めて飛ぶ大空の心地《ここち》よさとルウの魔法使いとしての才能に感嘆《かんたん》していた。

凄い！　凄いわ！

形容のしようがない、単純な感情を表す言葉しか出てこないのが不思議だ。

火と風の精霊魔法に治癒の魔法、そして索敵魔法《さくてきまほう》も……

まさに、底が見えないとはルウの才能のことだろう。

この人なら――

魔法使いとしての実力が充分《じゅうぶん》なこの人なら、あの生意気な小娘達《こむすめたち》も納得するに違いない。

「お～い、フラン。襲撃された所は？」

ルウに声をかけられて、フランは思いを中断される。

「今、真上に上昇《じょうしょう》したのよね。だったらまず大きな街道《かいどう》を探して貰《もら》える？」

「ＯＫ！」

くんか、くんか……フランはつい匂《にお》いを嗅《か》いでしまう。

ちょっと汗《あせ》の匂いがするけど……私はルウに抱かれていて凄く安心する。

そういえば昔からすぐ匂いを嗅ぐから犬っ娘《こ》って言われていたっけ。ふふふ……

フランは、何気に思い出し笑いをしてしまった。

「あそこかな？」

自分を抱いていて両手の塞《ふさ》がっているルウが、顎《あご》で指す方角を見ると街道の脇《わき》に馬車がひっくり返っているのが見える。そして……動いているものは何も無かった。

今まで浮《う》き浮きしていたフランの表情がそれを見た途端《とたん》に暗くなった。

昨夜の襲撃を再び思い出してしまったのだ。

フランの変化に気付いたルウがそっと囁《ささや》く。

「フラン、少し我慢《がまん》してくれ。もし駄目だったら目を瞑《つぶ》っていれば良い」

ルウ……私を気遣《きづか》ってくれているのね。……ありがとう！

フランは黙ってぎゅっとルウの腕《うで》を掴《つか》んだ。

「安心しろ！　あの独特な魔力波《オーラ》は感じない、奴等《やつら》は居ないようだ」

「大丈夫！　目をそむけずしっかり見るわ、私の為に戦ってくれた人達《たち》だもの」

フランは覚悟《かくご》を決めたように言い切ると、再びルウの腕をぎゅっと掴む。

そしてふたりはゆっくりりと襲撃現場へ降りて行ったのである。


「これは……酷《ひど》いな」

「…………」

フランが襲われた現場は悲惨極《ひさんきわ》まりないものであった。

彼女《かのじょ》を守った騎士達はやはり全滅であった。更《さら》に酷い事には、惨《むご》く殺されてから異形共に食い散らされたらしく、遺体は見るも無残な状態だったのだ。

馬車を引っ張っていた馬達も同様……だった。

そしていくつか異形の死体が転がっており、ルウは注意深く、それらを調べている。

「やはり擬似生命体《ホムンクルス》のようだ。もしかしたら、邪悪な死霊術《しりようじゆつ》と魔獣《まじゆう》とを組み合わせた悪鬼《あつき》かもしれないな」

フランは非情な光景を見てじっと立《た》ち尽《つ》くしていた。

「フラン……」

フランはルウに呼ばれてハッと我に返った。

「騎士さん達の……彼等の遺品は何を持って帰れば良い？

「ええと……貴方は旅の途中だし、あ、あまり大きな物はかさばるから駄目だよね」

「大丈夫《だいじょうぶ》さ、この腕輪《うでわ》がある。いっぱい入るぞ」

ルウが右手で指差した左腕《ひだりうで》には魔道具《まどうぐ》らしい腕輪が装着されていた。

どうやらそれが収納の魔道具になっているらしい。

「そ、それって、まさか!?」

「おう！　爺ちゃんに教えられた通り付呪魔法《エンチャント》で作ったんだ」

付呪魔法《エンチャント》!?　今、付呪魔法って、言ったの!?

この人って……凄《すご》い！　道具に特殊《とくしゅ》な魔法効果を込める付呪魔法まで……使えるんだ！

やはり7千年も生きた偉大《いだい》なるアールヴのソウェルが、ルウを自分の後継者《こうけいしゃ》にと指名したのは伊達《だて》じゃ無い。

「わ、分かったわ……じゃあ悪いけど、ルウ。皆さんの剣《けん》と遺髪《いはつ》を回収して貰える？　私も手伝います」

フランは遺体に近づいて剣と遺髪を回収しようとした。

しかし改めて遺体の凄惨《せいさん》さに吐《は》き気《け》を催《もよお》したのだろう……フランの膝《ひざ》の力が抜《ぬ》ける。

いきなり蹲《うずくま》ると、フランは胃の中の物を戻してしまったのだ。

「おいっ、フラン！」

驚《おどろ》いたルウが駆《か》け寄《よ》り、フランを抱き抱《かか》えると、木陰《こかげ》に連れて行って横たえた。

汚《よご》れた口元を乾《かわ》いた布で拭《ぬぐ》われると、フランは外套《マント》を掛けられ、頬をごつい手で優《やさ》しく撫《な》でられる。

「大丈夫か？　無理するな。慣れてなきゃ仕方が無い、俺《おれ》がやっといてやるよ」

ルウに介抱《かいほう》されながらフランは自分が情けなくなって来た。

命を懸《か》けて守ってくれた騎士達に、触れる事も出来ない弱過ぎる自分が……

「ううう……」

むせび泣くフランを暫くみつめたルウは、やがて5人の騎士達の剣と遺髪を回収する。

遺髪が誰の物かは甲冑《かっちゅう》に紋章《もんしょう》がついていたので、それを剝《は》がして目印としたのだ。

全《すべ》ての作業が終わると、ルウは改めて横になっているフランへ声をかける。

「フラン、終わったぜ」

「…………」

「大丈夫か？　じゃあ、お前の家へ向かおう、また俺に摑《つか》まれ」

「…………」

ルウが何度声を掛けても、フランはずっと無言であった。

「フラン……」

ルウがフランに近付き、肩《かた》に手をかけて抱き起《お》こそうとした時である。

嗚咽《おえつ》していたフランが、いきなり号泣《ごうきゅう》し始めた。

我慢していた感情が一気に堰《せき》を切ったように爆発《ばくはつ》したのだ。

「うううううう、わあああああああああ〜ん！」

「フラン……」

ルウは切なくなって、そっとフランの背中をさすってやる。

フランをしっかりと慰《なぐさ》めようとするルウの声は、彼の意思に反して酷くかすれていた。

# 第5話「怒り」

「遺品だけを回収しようと思ったけど……やはり、このままにはしておけないな」

ルウは穏やかな表情でフランに話しかけた。

騎士達の遺体が魔物《まもの》や獣《けもの》によって更に食べ散らかされたり、下手をすれば不死者《アンデッド》になってしまう可能性だってあるという。

「ここにある亡骸《なきがら》は魂が旅立った単なる器《うつわ》に過ぎない。だけど、フランを守って命を捧《ささ》げた彼等をこれ以上穢《けが》される訳にはいかないだろう」

ルウは言う、殉死《じゅんし》した騎士達をちゃんと葬《ほうむ》ってやろうと……

フランはまた涙ぐんだ。

「ありがとう　私はもう……大丈夫よ。そうね、ルウの言う通りにちゃんと弔《とむら》わないとね」

ルウは騎士達の遺体を丁寧《ていねい》に、そして一列に並べると、フランへ目で合図をする。

とりあえず葬送《そうそう》のお祈《いの》りをしなければ……フランは遺体の前に手を合わせて跪《ひざまず》いた。

ルウはフランが完全に跪くのを待ってから、息を吸い込む。

独特な呼吸法により、ルウの体内魔力がどんどん高まって行く。

ルウの唇《くちびる》が動き、朗々と言霊《ことだま》が詠唱《えいしょう》される。

「命を司《つかさど》る大いなる存在よ！　戦士の魂は天空の御許《みもと》へ旅立った。残されし肉体の器を母なる大地へ返す御業《みわざ》を我に与《あた》えたまえ！　母なる大地も我に力を！　魂が帰るべき道標《みちしるべ》を我に示せ！　我は天空の御業を使おう、人の子を安らかに送る為に！」

ルウが詠唱する言霊に、フランは覚えがあった。

言霊《ことだま》の表現や発音は全く違《ちが》うが、創世神に仕える司教や修道士が使う葬送魔法《そうそうまほう》に近かったからだ。

やがてルウの魔力の高まりが頂点に達した時、魔法は遂《つい》に発動した。

「鎮魂歌《レクイエム》！」

フランが正視出来ないくらい、眩《まばゆ》い白光がルウを包《つつ》んでいる。

ルウが両手を動かすと白光は辺り一帯を満たし、やがて遺体をも包んで行く。

とてつもない魔力を感じたフランが思わず目を開けると、目の前の騎士達の遺体があっという間に塵《ちり》になる。

奇跡《きせき》としか表現出来ない光景であった。

白光が収まると遺体は完全に消失し、目の前には騎士達の鎧《よろい》や兜《かぶと》のみが残されていた。

「あ、あああ……」

驚愕《きょうがく》のあまり、フランは言葉が出て来ない。

「とりあえず遺品は全部、収納の腕輪に入れておこうか」

「ええ！」

ルウが腕輪へ収納したのは騎士達が身につけていた鎧などの装備品だ。

先に回収した剣と遺髪に加えて、騎士達の遺品となる。

「後はフランの荷物だな」

フランが辺りを見回すと、見覚えのある愛用の鞄《かばん》が破壊《はかい》された馬車の傍《そば》に放置されていた。服などの私物や隣国での研修に関する書類しか入っていないから、持ち去られなかったらしい。

フランは鞄を拾い上げて改めて実感する、自分は助かったのだと……

ルウはフランから鞄を受け取ると、こちらも腕輪に仕舞《しま》った。

「では行こう！　フランの家へ」

フランは頷くとルウに抱きつき、しっかりと両腕《りょううで》を背中に回した。

それは誰が見ても愛する人に身を任せる、何の不自然さも無い行為《こうい》であった。

やがてルウの口から飛翔魔法の言霊が詠唱され、抱き合《あ》ったふたりはあっという間に上昇し、大空の彼方《かなた》へ消えて行った。


ルウとフランは広大な大空を飛翔している。

「フラン、お前を抱いたまま街に降りるって…まずいよな」

「うふふ、本当はずっとこのままが良いけれど……そうね。少し街から離《はな》れた場所に降りて貰って、さも旅をして来たように歩くのが得策かしら」

フラン曰《いわ》く、ルウの力があまり公《おおやけ》に露呈《ろてい》すると後で面倒《めんどう》な事になるという。

「面倒な事って何だ？」

「ルウの力は単なる魔法使《まほうつか》いとしての枠《わく》を遥かに超えているもの、いわば勇者ね。勇者と認定《にんてい》されれば王家に専属という形で召抱《めしかか》えられるわ」

フランの言葉を聞いたルウはとても嫌そうに顔をしかめた。

「冗談《じょうだん》じゃあないぞ、俺は自由に旅をしたいのに……」

「でも、貴方にはまだまだ使える力があるんでしょう？」

「う～ん、まあ……」

ルウはバツが悪そうに口篭《くちごも》る。

やっぱり、まだルウには行使出来る魔法がたくさんあるんだ……

フランは思わずくすりと笑い、ルウの背中に回した手に力を籠《こ》める。

「もう！　忘れたの？　約束したでしょ、貴方には私の学校の教師になって貰うのよ」

「教師って……先生か？　いわば爺《じい》ちゃんと同じかな」

ルウにはあまりピンと来ないようだ。

フランはルウを見て思う。

ルウにはウチの学校の教師になって貰わないと困る。冒険者なんかになったらもう二度と会えないから。

だから……はっきり言おう！　言いたい！　言わなくては！

「そう！　貴方の才能は人に教える事にも役に立つと思うわ。それに……」

「それに？」

「……ううん、な、何でもない」

フランがルウの胸へ顔を埋めて甘える。

瞬間《しゅんかん》、ルウのフランを抱く腕にぎゅっと力が入った。

「き、急に！　ど、どうしたの⁉」

「フラン、俺にしっかり掴まっていろよ、どうやら……敵だ」

吃驚《びっくり》するフランに言い聞かせながら、ルウが厳しい表情で前方を見詰《みつ》めている。

「敵？　って、私の素敵魔法には何も感じない……あ！」

ルウとフランが王都へ飛翔する方向から迫《せま》り来る黒い物体がひとつ。

物凄《ものすご》い速度でみるみるうちに近付いて来る。

雷《かみなり》が鳴《な》り響《ひび》くような重く凄《すさ》まじい咆哮《ほうこう》が轟《とどろ》く！

ルウ達の前に現れたのは怖《おそ》ろしい竜《りゅう》であった。

翼《つばさ》と一体になった前肢《ぜんし》、鷲《わし》のような後肢《こうし》、そして打《う》ち振《ふ》られる長い尾《お》の先には猛毒《もうどく》を滴《したた》らせた光る尖《とが》った針。

身体をびっしりと覆《おお》った細かく硬い鱗《うろこ》、長い顔の大きな口の中にはびっしり生えた鋭《するど》い牙《きば》。

竜の中で体躯《たいく》はやや小型ながらも性格は獰猛《どうもう》で、卓越《たくえつ》した飛翔能力を持つ怖ろしい敵。

……これは、もしや!?

目の前の怖ろしい姿はフランが子供の頃、避難《ひなん》した地下室で怯《おび》えながら想像した怪物《かいぶつ》と同じだ。

ルウに抱かれたフランの身体が、ぶるぶると熱病のように震《ふる》える。

「フラン、どうやら二足竜《ワイバーン》だ！」

「ワワワ、二足竜《ワイバーン》⁉　……い、いやあああっ！」

敵の名を言い放ったルウの腕の中で、フランがいきなり暴れ出す。

「フラン！　どうしたっ⁉」

呼びかけても、フランは完全にパニック状態に陥っていてルウの声は届かない。

「いやあっ！　いやあっ！　絶対に帰って来てぇ！　死なないでぇっ！」

幼い子供が駄々《だだ》をこねるように暴れるフランの口調は、今迄《いままで》とは完全に変わっていた。

華奢《きやしや》な身体に似合わぬ強い力でルウの腕から滑《すべ》り落《お》ちそうになる。

「鎮静《リミッション》！」

ルウはフランを落ち着かせる為、咄嗟《とつさ》に鎮静の魔法を発動した。

手足をバタバタ動かすフランの身体から力が抜け、がくんと両腕が垂れ下がる。

二足竜が再び威嚇《いかく》するように咆哮し、冷徹《れいてつ》な目でふたりを睨む。

明らかに殺意を持ってルウ達を屠《ほふ》ろうとしていた。

やがて『獲物《えもの》』への狙《ねら》いが定まったのか、耳元まで裂《さ》けた真っ赤な口を開けて、ルウ達を噛《か》み砕《くだ》こうと迫って来る。

しかしルウは二足竜の動きをしっかりと見切っていた。

気を失ったフランを抱えながらも、素晴らしい速度で飛翔しあっさりと竜の口を躱《かわ》したのだ。

ばくん！

二足竜の巨大《きょだい》な口が先程《さきほど》までルウ達の居た空間で合わさり、虚《むな》しく空気を飲み込んだ。

「貴様……よくも……フランを……怯えさせたな」

二足竜の攻撃をあっさりと躱《かわ》したルウは空中に浮かびながら、この異形の怪物へ燃えるような視線を放っている。フランを抱くルウの顔付きは、もはや完全に変わっていた。

まるで怖ろしい悪魔《あくま》達《たち》を屠る為に降臨した、気高く強い天使長のように……

ルウの中で……何かとてつもなく強大で怖ろしい力が生まれ、行使されようとしていた。

がはああああああああああおおおおっ！

二足竜が最後通告をするかのように三度目の咆哮をした、その時であった！

高く掲《かか》げたルウの右手からいきなり巨大な魔力の刃《は》が放たれたのだ。

ど、ばしゅううううっ！

二足竜の頭部が呆気《あっけ》なく消失した。

凄まじい速度で突き進《すす》んだ魔力の刃は二足竜の頭部と命を瞬時《しゅんじ》に奪《うば》っていたのだ。

頭部を失い、飛翔する力を完全に喪失《そうしつ》した二足竜は傷口からおびただしい血を撒《ま》き散《ち》らしながら、まっさかさまに真下の森へ落ちて行く。

一方、ルウは左手で気を失ったフランをしっかりと抱えながら、大空に浮かんでいる。

怒りに染まった漆黒《しっこく》の瞳《ひとみ》が、単なる肉塊《にっかい》と化して落ちて行く竜を冷たく見詰めていた。


何が？　……一体、何が起こったのだろう？

フランの目が徐々《じょじょ》に開いてくる。

ルウは何事もなかったかのようにフランを抱いて飛翔していた。

「う……ん？　あれ？　ルウ、私ったらいつの間に寝《ね》ちゃったの？」

「ああ、よく寝ていたぞ。多分、凄く疲《つか》れていたんだろう」

「ああ！　私って変な子、ルウと一緒《いっしょ》だからって安心して大空で寝ちゃうなんて」

フランはルウへ爽《さわ》やかな笑顔《えがお》を見せる。

二足竜《ワイバーン》に襲《おそ》われた記憶《きおく》はすっかり消去されていた。

フランが二足竜に怯えて取り乱した様子はもう微塵《みじん》も無い。

鎮静の魔法の後に、ルウのかけた忘却《ぼうきゃく》の魔法がよく効いているのだ。

ルウも優しく微笑《ほほえ》むと、一気に飛翔魔法の速度を上げた。

やがて……

ルウとフランの目指す方向に、ヴァレンタイン王国王都セントヘレナがその姿を現した。

頷き合ったルウとフランは少し離れた街道に人影《ひとかげ》が無いのを確認し、街道沿いの雑木林の中へ目立たぬように降りて行った。


ヴァレンタイン王国王都セントヘレナの北正門付近は異様な雰囲気《ふんいき》に包まれていた。

帰還《きかん》した王都でも指折りの上級貴族の令嬢《れいじょう》が、服を泥《どろ》まみれにして微笑んでいたからだ。

「こ、これはっ！　フランシスカ様！　い、一体、どうされたのですかっ！」

「いつもお疲《つか》れ様《さま》、詳《くわ》しい話は王都騎士《きし》隊《たい》隊長のライアン伯爵《はくしゃく》にお話しするわ。とりあえず私の屋敷《やしき》まで同行していただけます？　ああ、その彼《かれ》も一緒に連れて行きます」

正門警備の衛兵に質問されたフランの表情は気疲《きづか》れからか、少し強張《こわば》っていた。

フランが疲れている事を察したらしい衛兵は即座《そくざ》に護衛を了解《りょうかい》する。

「ははっ！　私達がお屋敷まで同行させていただきます。で、この者は？」

衛兵は後ろに居るルウを指差す。

汚《きたな》い身なりのルウが何故《なぜ》、フランと一緒に居るのか不可解といった面持《おもも》ちだ。

「彼は、私の……命の恩人です。大切な人なのです、失礼は許しません！」

衛兵がルウに指を差すのを見たフランは、綺麗《きれい》な眉《まゆ》をひそめると、きっぱり言い放った。

「は！　了解致《りょうかいいた》しました、おいっ！　ここの持ち場を誰か代わりに頼《たの》む。後、馬車1台と応援《おうえん》を呼べ！　フランシスカ様を警護する！」

衛兵が再び叫《さけ》ぶ。ばらばらと他の衛兵が駆けつけ、ひとりが正門の前に立ち、もう3人は今まで居た衛兵と共にフランの脇四方を固めて鋭い視線を周囲に投げた。

ルウは改めて、フランはやっぱり貴族のお嬢《じょう》さんなんだな、と実感したのだ。

物々しい雰囲気に包まれてフランが衛兵に警護されながら、門の傍に停《と》めてある馬車に向かって歩いて行った。ルウは飄々《ひょうひょう》とした感じでフランの後をついて行く。

今までアールヴの里で暮らしていた彼には王都の雰囲気とその喧騒《けんそう》がとても新鮮《しんせん》だったのだ。

やがて馬車の扉《とびら》が開き、フランが先に乗り込むと、中から彼女の白い手が差し出《だ》される。

それを見た衛兵達は怪訝《けげん》な顔をしたが、フランはルウの手をしっかりと掴み、馬車の中に招き入れたのである。

# 第6話「帰還」

ルウが馬車に乗り込み扉が閉められると、御者《ぎょしゃ》の鞭《むち》がぴしりと鳴らされ馬車は出発した。

その周りを馬に乗った４名の衛兵達が固め、馬車と併走《へいそう》する。

馬車の中で、ルウと向かい合わせに座《すわ》ったフランはやっと安堵《あんど》の表情を見せた。

「ヴァレンタイン王国は冒険者《ぼうけんしゃ》の国と言われているけど、それはヴァレンタイン王国第二の都市バートランドのイメージなの」

ヴァレンタイン王国の都セントヘレナは本来、余所者《よそもの》が入国するのに対してとても厳しい。フランによれば、しかるべき人間に身元を保証して貰い、王都の市民証を得て税金をきちんと支払《しはら》わなければいけないという。

入国管理の厳しいこの王都に対して、始まりの街とか冒険者の街と呼ばれるバートランドは冒険者ギルドの総本部もあり、外部の者に対しては比較的寛容《ひかくてきかんよう》な街らしい。

それで門に居た王都の衛兵達が俺を見る目が厳しかったのか……

ルウは納得し、苦笑《くしょう》する。

そんな事を考えているとは露知《つゆし》らず、フランはルウへ自宅に来て欲しいと懇願《こんがん》した。

「とりあえず私の家に来て！　お母様に今までの経緯《いきさつ》を説明して欲しいの」

「ああ、任せろ」

ああ、また聞けた！

フランは嬉《うれ》しくなり、満面の笑《え》みを浮かべながらルウを見詰める。

馬車は市街地を通《とお》り抜け、やがて貴族達の住む屋敷街に入って行った。


ここは王都貴族街区ドゥメール伯爵邸《はくしゃくてい》……

「フランシスカお嬢様《じょうさま》がお戻りになられたぞ」

「お怪我《けが》をされているのではないか？」

「早く医者を呼べ！」

「お部屋の片付けは済んでいるのか？」

ルウ達を乗せた馬車が正門前に着くと、使用人達が騒《さわ》いでいるのが聞こえて来た。

使用人達は全員、先程衛兵が物々しく家令《ハウススチュワード》の下《もと》へ報告にやって来たのを知っているからである。

この名門伯爵家《はくしやくけ》の令嬢に、道中何かあったらしい事は使用人全員が感じていたのだ。

「お前達、静かにしなさい、そんなに騒いではお嬢様の身体に障《さわ》る」

その中にひと際《きわ》目立つ男がひとり……

騒ぎ立てる使用人達に対して、低いが良く通る声で一喝《いっかつ》した。

男の年齢《ねんれい》は50代半ばをとっくに過ぎているが、年齢を感じさせないほど逞《たくま》しかった。

身《み》の丈《たけ》は2mをゆうに超え、凶悪《きょうあく》な程《ほど》に発達した胸の筋肉がシャツの上からでも分かる。

腕の太さは丸太のようであり、太腿《ふともも》は女性の腰《こし》まわりくらいはある。

日焼けした浅黒い肌《はだ》、スキンヘッドで彫《ほ》りの深い顔立ちに意志の強そうな分厚い唇、鳶《とび》色《いろ》の瞳が放つ鋭い眼光が周りの者にとてつもない威《い》圧感《あっかん》を与えている。

「は、はい！　申し訳ありません、ジーモン様」

「き、気をつけます」

「そそうのないように致《いた》します」

男の迫力《はくりょく》に慌《あわ》てて謝罪をし、たちまち黙り込んでしまう使用人達。

この男こそがフランの母ドゥメール伯爵に屋敷の全権を与えられ、この屋敷の使用人全てを取り仕切る家令のジーモンである。

やがて……ルウとフランを乗せた馬車が屋敷の正門前に止まり、衛兵が脇を固める中で扉が開く。

まずルウが降り手を差《さ》し伸《の》べると、彼の手を確《しっか》りと握《にぎ》ってフランが馬車から降り立った。

その様子を見ていたジーモンの眉間《みけん》に不快そうな皺《しわ》が寄り、眼光はより厳しくなった。

手を繋《つな》いだふたりの前に立ちはだかるジーモンは、ルウを無視してフランへ話《はな》し掛ける。

「これは、これは……フランシスカ様、ご無事で何よりでございました」

「ジーモン、ご苦労様。報告は衛兵から行っているわね」

「はい、奥様《おくさま》には私めから今回の事は報告をしております」

「では、彼を連れてお母様のお部屋に参ります」

しかし、ジーモンは立ったまま動こうとしない。

「そこをどいて！」

フランの抗議《こうぎ》もジーモンは全く受け付けない。

「奥様はただいま研究室に篭《こも》っておられます。フランシスカ様については入浴されてから、研究室にお越《こ》しいただく様にと、お言伝《ことづて》を預かっておりますので」

「もう、またよ、お母様ったら。魔法、魔法の研究、暇《ひま》さえあれば魔法なんだから」

フランは小さく呟《つぶや》き、ルウを見て肩を竦《すく》めた。

「分かったわ、入浴してから研究室に行けばいいのね。ルウ、行きましょう」

フランはルウの手を握り、屋敷の中へ入ろうとしたが、またもやジーモンが身体の向きを変えてふたりを止めた。

「今度は……何？」

さすがにフランの表情には苛立《いらだ》ちが生じている。

「奥様からはお嬢様を通すように、としか伺《うかが》っておりません。お傍に居る、そいつは一体何者でしょうか？」

「それっておかしくない？　衛兵から貴方《あなた》へ報告は来ていないの？」

「はい、お嬢様が途中《とちゅう》で賊《ぞく》に襲われ、警護の騎士が全員死亡したとしか聞いておりません」

「嘘《うそ》だわ！」フランは言葉を飲み込みながら、黙《だま》ってジーモンを睨《にら》みつけた。

だがジーモンはフランに対して平然としており、全く悪びれた様子が無い。

フランは衛兵に対して今回起こった事件の状況《じょうきょう》をルウの魔法《まほう》以外、詳しく説明している。

そのフランの話を衛兵が勝手に変えて、ジーモンに対して報告するなどありえない。

絶対にこの男が事実を捻《ね》じ曲《ま》げて、母に偽《いつわ》りの報告を入れているに違いないのだ。

「ジーモン！　この人は魔法使いのルウさんです。私を魔物から助けてくれた命の恩人なのですよ。お母様へきちんと報告して下さい」

「ふうむ……お嬢様はお疲れでいらっしゃるようだ。そのような下賤《げせん》な者などいくばくかの金でも与えて、早く帰って貰うのが宜《よろ》しいと思いますが」

フランは一生懸命《いっしょうけんめい》、ルウの事を説明したが、ジーモンはまったく受け付けなかった。

「もう結構です。貴方が報告しないのなら、私からお母様に話します。彼は私を救った命の恩人なのです。事件の証人でもありますから、お母様に説明する際に証言して貰います」

しかし、フランの言葉を聞いたジーモンは表情を変えずにゆっくりと首を横に振った。

「いくらお嬢様でもこのまま通すわけには行きません。そのような得体の知れない男を屋敷に入れて、奥様に万が一の事が起きたりしたら大変な事になりますから」

「ルウが⁉　え、得体の知れないですって！」

フランはジーモンの悪意のある言い方に我を忘れそうになったが、すんでの所で踏《ふ》み止《とど》まることが出来た。何故なら、ルウがフランの肩を軽く掴んで制止したからである。

その様子を見たジーモンが眉をひそめると、不快感を露《あらわ》にした。

「先程から見ていれば、貴様！　下郎《げろう》の分際で気安くお嬢様に触《ふ》れおって許さんぞ」

ジーモンの言葉を聞いたルウは呆《あき》れたように苦笑している。

「ルウ……　御免《ごめん》ね、この人は昔からこうなのよ」

フランは今のやりとりで一気に疲れたような表情だ。

ルウは「気にするな」とフランへ声を掛《か》け、改めてジーモンの方に向き直った。

「おい、あんたの忠義は間違《まちが》っているよ」

「何だと！　何故、私の忠義が間違っているのだ⁉」

拳《こぶし》を握り締《し》めて激高するジーモンは悪鬼のような迫力だ。

しかしルウはきっぱりと言い放つ。

「俺は初めて王都へ来《き》たし、身なりも汚い。あんたが警戒《けいかい》するのは分かるよ。しかし今、一番大事なのはフランを労《いたわ》る事だ、違うか？」

「何だと！　え、偉《えら》そうに！」

ジーモンは意外であった。普《ふ》通《つう》なら自分の風貌《ふうぼう》を見た者は怖れ、気圧《けお》されるのに目の前の若い男は平然としているのである。

「フランの災難をきちんと報告もしていないようだし、それじゃあ主人の奥様とやらに対しても不忠だろう」

「わ、私を愚弄《ぐろう》する気か⁉」

ルウの筋が通った指摘《してき》にジーモンの旗色が悪くなって来た。

「愚弄などしていない。フランが衛兵からの報告に関してあんたに聞いた時に魔力波《オーラ》が少し不自然に揺《ゆ》らいだ、あんたは奥様に嘘をついている」

「何！　魔力波《オーラ》だと⁉　貴様、わけの分からない事を抜かしおって！」

「ははっ、魔力波《オーラ》は嘘をつかないよ」

主人であるフランの母に嘘をつく……ルウの指摘はジーモンの逆鱗《げきりん》に触れたらしい。

「奥様に忠実なこの私がよりによって、う、嘘をつくだと！　許さぁん！　貴様、取り消せ！　取り消さないと絶対に許さんぞ！」

「あんたが奥様とかいうご主人を大事に思って、自分の判断でそうしたのは分かるが、今後、何か間違いがあればお互《たが》いが不幸になってしまうぞ」

ルウの淡々《たんたん》とした口調が、ジーモンの怒りの炎《ほのお》にますます油を注ぐ。

わなわなと身体を震わせて、悪鬼と化したジーモンは吼《ほ》える。

「小僧《こぞう》めが！　偉そうな口を叩《たた》きおって！　そんな事は貴様に言われんでも分かっておるわ！　私が今まで、どれくらい苦労して奥様をお守りして来たか、知りもしない癖《くせ》に！」

ジーモンは怒りの限界を超《こ》えたのだろう、獣《けもの》のような雄叫《おたけ》びを上げると、両手を広げ、いきなりルウへ掴みかかって来た。

フランの悲鳴が響き渡《わた》る。

ジーモンがもしその気ならルウが殺されてしまう！

フランはジーモンの戦士としての恐《おそ》るべき実力を知っているのだ。

ジーモンの鉛色《なまりいろ》の拳が、凄まじい速さでルウのか細い首にのびる。

一気に絞《し》め殺《ころ》そうかという勢いだ。

しかしルウはあっさり飛び退《すさ》って、ジーモンの拳を躱《かわ》す。

攻撃《こうげき》をあっさり躱されたジーモンが、再度吼《ほ》えて襲い掛かるが、ほんの少し身体を動かすだけで攻撃を躱すルウに指一本触れる事が出来ない。

一瞬《いっしゅん》、動揺《どうよう》したフランも、ルウが余裕《よゆう》を持ってジーモンの攻撃を避《よ》けるのを見て落ち着きを取り戻《もど》していた。

フランは首を傾《かし》げている、魔法使いのルウが魔法を使おうとしないのだから。

ルウはただ、ジーモンが掴《つか》みかかるのを躱しているだけなのである。

一方のジーモンも怒りに我を忘れているせいか、今まで数多くの敵を屠って来た、いつもの体術を使ってはいない。

相手をひたすら掴もうとするだけのジーモン、全ての攻撃を躱し触《さわ》らせないルウ。

それは不思議な光景だった。

まるで鬼《おに》ごっこのようでもあり、子供の喧嘩《けんか》のようでもあった。

「貴様！　卑怯《ひきょう》だぞ！　男だったら、逃《に》げずに戦え！」

とうとう痺《しび》れを切らしたジーモンが、じれったそうに叫んだ。

「ははっ！　分かった」

「おおおおりゃあああ！」

軽く言葉を返すルウに対して、ジーモンが渾身《こんしん》の力を込めて左拳を打ち込む。

しかし、ルウはそれをまたもやあっさりと躱す。

だが今度は躱すだけで終わらなかった。

ルウはジーモンの攻撃の直後、相手の腹めがけて右拳を打ち込んだのだ。

いわゆるカウンター攻撃である。

肉を打つ鈍《にぶ》い音と共に、ルウの拳が手首まで埋《う》まった。

ジーモンは激しい痛みを感じ、目をかあっと大きく見開く。

何故？　ジーモンは驚きと苦悶《くもん》の表情を隠《かく》せない。

「ぐはぁ！　ば、馬鹿《ばか》な！　わ、私の鍛《きた》え抜いた肉体が！　な、ぜ……こうも容易《たやす》く打ち抜かれる⁉」

呆然《ぼうぜん》とするジーモン。

相変わらず淡々として、息ひとつ乱れていないルウの声が降りかかる。

「あんたは俺を舐《な》めて力量を見極《みきわ》めようとしなかった。もし体術を使ったら俺も少しは苦戦した筈《はず》だ」

「は⁉　す、少しは⁉　く、苦戦だと⁉　……ふふふ」

ルウの言葉を聞いたジーモンの顔に苦笑いが浮《う》かぶ。

この男に自分は遊ばれていたという事か……

ルウの恐るべき実力の一端《いったん》をジーモンは初めて認識《にんしき》したのである。

「ああ、それにあんたはぶち切れたように見せて、最初から最後まで本気を出していなかったろう。俺には分かるよ、フランの為《ため》だ」

ルウの言葉を聞いたジーモンは、唇を噛み締めた。

こ、滑稽《こっけい》だ……あまりにも……こいつがもし本気を出せば俺は即座に殺されていた。

ジーモンは手加減して、ルウを適当に痛めつけてやるつもりだった。

しかし手加減するつもりが逆にされていた。

その上、ルウに自分の心の内まで見透《みす》かされてしまったのだ。

「ぐう……小僧、お前と言う奴《やつ》は……お、お嬢様！」

いきなり呼ばれたフランは戸惑《とまど》い、改めてジーモンの苦悶に歪《ゆが》む顔を見詰める。

「あ、貴女《あなた》のお連れしたお客人に私は……ぐ、し、失礼を、い、致しました。こ、この罰《ばつ》は……い、いかようにも！」

ジーモンはそう言い終わると、気を失ってしまった。

「大丈夫《だいじょうぶ》だ、フラン」

ハッとして振り返《かえ》るフランを、ルウは穏《おだ》やかに微笑んで見つめている。

「急所を外してあるから命に別状はない。ちゃんと手加減をしたし、すぐ治療《ちりょう》をしよう」

ジーモンは助かる！

フランの顔にホッと安堵の色が甦《よみがえ》った瞬間。

「これは何の騒ぎですか？　フラン、説明しなさい！」

凛《りん》とした声がその場に響き渡る。

思わずその場に居た全員の視線が声のした方向へ注がれる。

屋敷の入り口にその小柄《こがら》な身体を現し、鋭い眼差《まなざ》しで辺りを睥睨《へいげい》したのはフランの母、アデライド・ドゥメール伯爵その人であった。

# 第7話「笑顔」

「何故、ジーモンが倒《たお》れているの？　もう一度言うわ、フラン、説明しなさい」

歴戦の戦士でもある屈強《くっきょう》な家令が一方的に倒された……

そんな状況にもまったく動じることなく、フランの母アデライド・ドゥメール伯爵は娘《むすめ》に対して状況の説明を求めている。

常に冷静沈着《ちんちゃく》で物事を理性的に判断する性格が顕著《けんちょ》に現れていた。

アデライドはこのヴァレンタイン王国を建国した英雄《えいゆう》バートクリード・ヴァレンタインの子孫にあたる名門ドゥメール家の流れを汲《く》む女伯爵である。

多彩《たさい》な魔法の行使と華麗《かれい》な発動の所作から、かつて舞姫《まいひめ》と呼ばれた天才魔法使い、それがアデライド・ドゥメールなのだ。

アデライドは１０歳《さい》を超えた頃《ころ》から、急激に魔法の才能を発揮し始めた。

１６歳で入学したヴァレンタイン魔法女子学園で天才振《ぶ》りを欲《ほ》しいままにし、３年間の修業《しゅぎょう》年限を何と1年間で卒業。

ヴァレンタイン魔法大学に進むと今度は4年の修業年限をたった2年間で卒業し、その優《すぐ》れた魔法研究の結果が認められ、卒業と同時に特例として教授への就任を要請《ようせい》される。教授の職を受けたのを皮切りとして、その僅《わず》か5年後には24歳の若さで魔法大学学長に就任し、数々の功績を残す。

以降20年間――――44歳まで学長を務め、超《ちょう》エリートと目されていた。

しかし母校である魔法女子学園の前理事長が病に倒れたのを機に学長を辞任すると、それまで何度となく要請されていた学園の理事長兼《けん》校長の職を熟考の上受けて、現在に到《いた》っているのだ。

娘を問《と》い質《ただ》したアデライドは魔法の研究同様に、既《すで》にこの場の状況分析《じょうきょうぶんせき》を始めていた。

娘のフランそっくりの綺麗な碧眼《へきがん》がきらりと光った。

実はアデライドは、生まれ持った魔《ま》眼《がん》で生命力の有無《うむ》や物質の質感を測る事が出来る。

魔眼の力を加えた優秀《ゆうしゅう》な観察力で状況をほぼ正確に把握《はあく》し、常に冷静な性格に持ち前の勘《かん》の良さもあって正しく事態を処理出来るのはアデライドの類稀《たぐいまれ》な才能のひとつだ。

そんなアデライドの才能を魔法だけに使うのは惜《お》しいと、伯父《おじ》であるバートランド領主のエドモン・ドゥメール公爵《こうしゃく》は度々《たびたび》、政界入りを促《うなが》した。

しかしアデライドの人生での一番の関心事が魔法だった為に、心は一切《いっさい》、揺れ動《うご》く事が無かったのである。

アデライドは魔眼を発動し、倒れているジーモンの魔力波《オーラ》を測ってみる。

生命力を示すジーモンの魔力波は充分《じゅうぶん》に放たれているから、命は助かったらしい。

しかし怪我は重く、腹部に結構な裂傷《れっしょう》を負って気を失っているようだ。

使用人達《たち》は遠巻きにしながら、娘と見覚えの無い男のふたりを囲んでいる。

アデライドは素早《すばや》く現状を把握すると、娘のフランをじっと見詰めた。

ふ～ん、フランったら意外な反応ね。

あの娘《こ》が全然怯えたりせず、却《かえ》って男の服の端《はし》をしっかりと握っている。

フランから新たな交際の報告を受けていないし、私もあの男を知らない。

と、いう事は、まだ知り合って日が浅い筈。

そんな男性をあれほど信頼《しんらい》するなんて珍《めずら》しい、どういう風の吹《ふ》き回《まわ》しかしら。

アデライドはそこまで考えると思わず苦笑する。

だがフランの攻撃魔法《こうげきまほう》では歴戦の勇士であるジーモンにあんな肉体的な損傷を負わせる事なんて出来ない。

必然的にあの黒髪《くろかみ》の男が倒した事になると、アデライドは読み切ったのだ。

でも……黒髪の男からは殺気が全くといっていいほど感じられない。

だからこそ、フランもあのようにくっついているんでしょうけど……

アデライドはいきなり、ずいっと足を前へ踏み出した。

「お、奥様！」見守っていた使用人のひとりが思わず叫んだ。

むやみに近寄ると危ないという意味であろう。

しかし、アデライドはその声に構わず、ルウとフランが立っている所まで近付いた。

目の前には気を失ったジーモンが倒れている。

アデライドはずいっとまた一歩踏み出した。

様々な状況から、ルウが自分へ危害を加える事は無いと読み切ったのだ。

アデライドは無防備に近付くと、愛娘《まなむすめ》と一緒に立っているルウの顔を思い切り覗《のぞ》き込んだ。

至近距離《きょり》でルウの顔をまじまじと見たのである。

「ちょ、ちょっと、お母様ったら！　ルウに失礼よ！」

貴族らしくない母親の大胆《だいたん》な行動が、とても無礼だと思ったのであろう。

フランが精一杯《せいいっぱい》、抗議の声をあげるが、アデライドは何処吹《どこふ》く風《かぜ》だ。

早速《さっそく》、いつもやっているように観察を開始する。

ふ～ん、ルウという名前なのね。

どれどれ……背は結構、高いわ……１８５㎝くらいあるのかしら？

痩身《そうしん》だけど、いかにもバネがありそうな身体ね。

黒髪に黒い瞳か……人間族で顔の造りは彫りが深いけど、この国の人間には見ない顔立ちだわ……すなわち異相？　もしかして東方のヤマト皇国人の血でも入っているの？

それにしてもこれは何？　す、凄《すご》過ぎる！

アデライドが改めて驚《おどろ》いたのはルウの体内にある圧倒的《あっとうてき》な魔力量である。

最初から気になっていたが、これが常人の量ではないのだ。

数回試みてはみたが、正確な魔力量は何とアデライドの魔眼では測り切れなかった。

まさか魔力量の底が知れないとは……それに、何？　この不思議な気配は？

ルウの周りに居る人智《じんち》を超えたいくつもの気配は一体……

そんなアデライドの思いはルウのひと言で破られた。

「ちょっと待って下さい。俺《おれ》がこの人を回復させた上で、フランから話をしますから」

「ん？　どういう事かしら？」

「俺の名はルウ、貴女《あなた》の使用人に傷を負わせたのは自分です。とりあえず彼を回復させますよ」

「ちょっと、待ちなさい！」

アデライドが止める間も無く、ルウは言霊《ことだま》の詠唱《えいしょう》を始める。

フランを治療したのと同じ治癒魔法《ちゆまほう》であった。

「大地の息吹《いぶき》である風よ、大地の礎《いしずえ》である土よ、大地に命を育《はぐく》む水よ、そして大地の血流である火よ。我は称《たた》える、その力を！　我は求める、その力を！　我は与《あた》える、その力を！　愛する者に満ち満ちて行かん、大地の癒《いや》しを！　さあ、この者に与えたまえ！」

一瞬の溜《た》めの後にルウの両手から魔力波《オーラ》が放出される。

「治癒《ヒーリング》！」

ルウから放たれた暖かく淡《あわ》い光が倒れているジーモンを包《つつ》む。

ジーモンの指先がぴくりと動き、全身に生命力が満ちて来る。

「こ、これは⁉」

アデライドはさすがに驚いていた。

今、ルウが発動して回復魔法として使われているのは、普段《ふだん》アデライド達が魔法式を組んで行使している魔法とは根本的に異なるものである。

個々の魔力を、古来より伝えられた魔法式により様々な魔法に変換《へんかん》して魔力波《オーラ》で発動するのが、アデライドの運営するヴァレンタイン魔法女子学園やその上に位置する魔法大学で教授する魔法だ。

先人達の多大なる研究の功績により判明した、最も効率良く魔法を発動し行使する術式が魔法式と呼ばれる魔法の発動方法なのである。

しかし、ありとあらゆる魔法を研究し、発動する機会があれば絶対に試《ため》して来たアデライドには、ルウが発動した魔法の正体だけは分かっている。

ルウが使ったのは地・水・風・火の精霊《せいれい》の力を行使する4大精霊魔法《せいれいまほう》と呼ばれるものだ。

魔法式が創世神や使徒などが行使した偉大《いだい》な力をほんの僅かに再現する為の、魔力から魔力波《オーラ》への変換マニュアルとするならば、精霊魔法は直接、精霊自身の魔力を使って魔法を発動するものである。

精霊魔法を発動できる人間族はごく稀だと言われている。気難しい精霊を使役《しえき》する魔法の習得は魔法式使用の魔法に比べて難易度が段違《だんちが》いに高いからだ。

そもそも魔法式とは確定された言霊《ことだま》を詠唱して発動する。

魔力消費量はほぼ安定しており効率的で、制御《コントロール》もし易《やす》い。

安定した発動方法の魔法式に比べると、精霊魔法は魔力消費量も制御も不安定だ。

精霊自体、人間の常識では測れない者が殆《ほとん》どであり、折り合いをつける事は大変難しい。

精霊魔法の発動と制御が難しいのは、精霊＝自然の力と考えれば納得《なっとく》が行くだろう。

大いなる自然の力を、人間が思いのままにするなどまず不可能だからだ。

ちなみにあらゆる種族の中で精霊魔法に一番適性があるのは、アールヴ族である。

元々アールヴは北の妖精族《ようせいぞく》の末裔《まつえい》として自然の中で一体化して暮らしていた。

その為、精霊とは魔力波《オーラ》の波長が合い易い。

だが、あくまでも人間族に比べればという比較《ひかく》である。

アールヴ族の全《すべ》てが精霊魔法を完璧《かんぺき》に使いこなすわけでもないからだ。

あらゆる魔法習得に貪欲《どんよく》なアデライドも幾度《いくど》となく精霊魔法の発動を試みた事がある。

しかし正統な精霊魔法はアデライド自身行使出来た事は無く、見たのも今までの魔法研究の経験でも、アールヴの上級魔法使《まほうつか》いが発動したほんの数度に過ぎない。

人間が、これほどの精霊魔法を行使するのを目の当《ま》たり《あ》にしたのは初めてだった。

さすがのアデライドも呆然としていると、目の前のジーモンがゆっくりと起き上がる。

「お、奥様……」

「ジ、ジーモン、怪我の具合はどう？」

アデライドが興奮して少し震《ふる》える声で呼《よ》び掛けると、ジーモンは反射的にルウの拳に打ち抜《ぬ》かれた腹の傷に触り、驚きの表情を浮かべた。

「ふ、ふ、塞《ふさ》がっている……」

「え？　ほ、本当なの？」

アデライドは目を丸くした。

目の前の光景が信じられなかった。

アデライドの常識において回復魔法とは重傷者を手品のように瞬時に治せるほど便利な魔法ではないからだ。

「ね！　凄いでしょう、ルウは！」

様子を見ていたフランが勝《か》ち誇《ほこ》ったように親指を立てる。

満面の笑みを浮かべた、いわゆるどや顔であった。

アデライドは得意げな娘の様子に呆れてしまう。

本当に困った子……まるで自分の事のように誇らしげだわ。

アデライドは戸惑いながらも、前向きに考える事にした。

ずっと塞ぎがちだったフランがこのように明るく振舞《ふるま》うなんて久《ひさ》し振《ぶ》りなのだ。

ほんの僅かだが、アデライドの口角が上がる。

心優《やさ》しい母は久々に見る愛娘の笑顔に癒《いや》されていたのである。

# 第8話「食事」

「これで……フランの話を聞いて貰《もら》えるのかな？」

アデライドが振《ふ》り向《む》くと、穏やかな笑顔《えがお》を浮かべるルウの姿があった。

「ええ、分かったわ」

アデライドは軽く頷《うなず》くと、今度は悪戯《いたずら》っぽく笑う。

持ち前の魔法への好奇心《こうきしん》が激しく強く刺激《しげき》される。アデライドはルウを自分の『研究対象』として調べたいという気持ちが強くなって来たのだ。

愛娘のフランが無事だと分かった瞬間《しゅんかん》、報告を受けていた襲撃《しゅうげき》事件はアデライドの中では二の次になっている。

魔法馬鹿《まほうばか》……アデライドをあまり良く思わない人間は、そのように陰口《かげぐち》を叩く。

「でも貴方の事も気になるから、よ～く聞きたいわ」

フランの表情は複雑だ。

母のいつもの悪い癖《くせ》が出たなという困惑《こんわく》が目に表れていた。

「俺の事？」

自分の事を聞きたいと言われてルウは「えっ」という顔をする。

「そうよ、フランと一緒《いっしょ》に貴方の身の上話をして欲しいのだけど」

好奇心剝《む》き出しのアデライドの眼差しにきょとんとするルウ。

見かねたフランがしっかりルウの手を握るとぐいっと引っ張り、屋敷《やしき》の中へ引っ張り込んでしまう。

母の唐突《とうとつ》で無《ぶ》遠慮《えんりょ》なアプローチに、フランが謝罪する。

「ルウ！　本当に、本当に御免ね！　お母様が失礼な事ばっかり言って」

「何がだ？　失礼なんかじゃないし、全然大丈夫だぞ」

ルウはゆっくりと手を横に振った。

ホッとしたフランはルウの穏やかな笑顔を見る度《たび》に心が温かくなっていくのを感じる。

この安らぎは何物にも代え難《がた》い、絶対に手放したくはない！

フランはそう実感すると自分の手に力を入れ、強く強くルウの手を握ったのだ。

屋敷のメイドに部屋へ案内されたルウは、使用方法を教えられて生まれて初めて人間の風呂《ふろ》を体験していた。

実は泡《あわ》だらけの浴槽《よくそう》を見て吃驚《びっくり》した上に「入って身体を洗え」と言われて戸惑っていたのである。しかし、風呂の泡にフランと同じ石鹸《せっけん》の香《かお》りがしたので少し落ち着く。

風呂が初体験といっても、ルウは決して不潔にしていたわけではない。

住んでいたアールヴの里に風呂というものがなかっただけである。

しかし誤解の無いように言うとアールヴ達はとても綺麗《きれい》好きだ。

柔《やわ》らかい布で丹念《たんねん》に身体を清める事は勿論《もちろん》、頻繁《ひんぱん》に泉で水浴びをする。

里の近郊《きんこう》に温泉があれば疲《つか》れを癒しに入浴する事も多い。

入浴後に呼ばれて、ルウは大広間でフラン達と一緒に食事を摂《と》る事となった。

着替《きが》えに用意されたフランの弟の服を着せられたルウは、慣れない仕様にぎくしゃくしていたが、何とか我慢《がまん》しているようだ。

３人はワインで乾杯《かんぱい》した上で、アデライドが自己紹介《しょうかい》をする。

「改めまして！　フランの母でアデライド・ドゥメールよ。ヴァレンタイン魔法女子学園という学校の理事長をしているわ。これでも一応は伯爵《はくしゃく》なの、よろしくね」

気さくで分《わ》け隔《へだ》てのないアデライドの態度がルウには意外であった。

人間の貴族とは、尊大で排他的《はいたてき》な人種。

それが、アールヴ達からルウへ教えられた人間の貴族のイメージであった。

ルウはアデライドのさっぱりした性格に好感を持ち、穏やかな笑顔で挨拶《あいさつ》した。

「こちらこそ、宜しくお願いします。俺はルウ、ルウ・ブランデルです。フランを助けられたのは偶然《ぐうぜん》です」

「待って！　詳《くわ》しい話は後になるけど……出会ったのは確かにルウの言う通り偶然かもしれない、だけど私が助かったのは絶対に偶然じゃないわ！」

頬《ほお》を膨《ふく》らませながら、フランがルウの実力を強調する。

一生懸命な愛娘の様子を見たアデライドは微笑《ほほえ》ましく思う。

やはり、フランはルウとの出会いで変わったのだ。

「それにもしもルウが居なければ、このように母娘が一緒に食事を摂るなんて機会は、当分無かったと思うのよ」

フランが皮肉っぽく呟いた。

アデライドは微笑んだまま、やんわりと娘に抗議する。

「あら？　それはいくらなんでも酷《ひど》いんじゃないの？」

しかしフランも負けてはおらず、きっぱりと言い放つ。

「お母様は学園から戻られたら、碌《ろく》に食事も摂らずに殆ど研究室に篭っているじゃない」

「ふふふ、気がついたらね、時間がすご〜く経《た》ってしまっているのよ」

アデライドもしれっとして笑い返す。

ルウはそんなふたりの会話を聞いていて少し羨《うらや》ましかった。

両親が居ないルウは親子の温かみを知らない。

親代わりだったアールヴのソウェルも既にこの世の人ではないのである。

話が盛り上がった所で料理が運ばれて来た。

「さあ、食べましょう」

アデライドが促《うなが》して3人は食事を摂ったのであった。

# 第9話　「心的外傷《トラウマ》」

「ご馳走様《ちそうさま》でした」

デザートのフルーツを平らげ、食後の紅茶を飲み終わると、ルウは両手を合わせて暫《しば》し、黙祷《もくとう》した。

神へ感謝する祈《いの》りではなく黙祷⁉　弔《とむら》いみたい？

食べ始める前にも同じような行為《こうい》をしていたルウに対して、フランもアデライドも不思議に感じていた。

早速、いつもの癖で好奇心が出たアデライドが目配せする。

フランが「分かったわ」と頷き、先程《さきほど》の行為について不思議そうにルウへ聞く。

「あれって、アー……いえ、前に住んでいた街の風習か、何か？」

アールヴ？　と聞きかけて、慌てて言い直すフラン。

しかし、ルウはゆっくりと首を横に振って否定した。

「う～ん、ちょっと違《ちが》うかな」

「……ふ～ん」

「食べ物になった者達への弔意《ちょうい》、それに加えて関《かか》わった人達への感謝を表しているんだ」

「食べ物とそれに関わった人？　……弔意と感謝？」

「ああ、動物でも植物でも当然、命がある。俺達《おれたち》はそれを食べないと生きていけないんだ。それを当然と思わない事、そう――食べ物に宿る命を犠牲《ぎせい》にして俺達が生きていられる事に弔意を示し、日々感謝する事がひとつ」

「そうか……それが食べ物に対する礼儀《れいぎ》と感謝なのね」

「うん、そして関わった人への感謝は麦や野菜を作ってくれたり、豚《ぶた》を育ててくれた農民、我々の街に運んでくれた配達人、そして料理自体を作ってくれた料理長さんや使用人さん達など様々な人が居ないと、この食事は成り立たないからね」

「そうかぁ！　そうだよね！　あはは！　私もこれからやるわ！　ご馳走様」

そう言うとフランも両手を合わせて黙祷した。

アデライドは明るいフランを見て嬉《うれ》しそうに微笑んだのである。

夕食後に3人はドゥメール伯爵邸《はくしゃくてい》内の魔法研究室に移動した。

内々の話という事で使用人達に聞かれたくないからだ。

まずフランは帰宅した時の説明をする。

「じゃあ、ジーモンの報告は不完全だったのね」

フランの説明を聞いたアデライドは「ふん」と不機嫌《ふきげん》そうに鼻を鳴らした。

ジーモンの心遣《こころづか》いは確かに理解出来る。

しかしアデライドの性格上、同じ案件で時間を無駄遣《むだづか》いする事をとても嫌《きら》ったのだ。

限られた時間の中で無駄《むだ》な時を作らず、効率よく魔法の研究に没頭《ぼっとう》したい！

これが若い頃からのアデライドのモットーなのである。

そんな母の性格を把握しているフランは無駄話《むだばなし》をせずに今回の事件について単刀直入に説明して行く。

「ふ〜ん、魔法を使う異形の怪物《かいぶつ》ねぇ……」

「ええ、それがいきなり凄くいっぱい現れて……」

フランが攻撃魔法で反撃《はんげき》し、護衛の騎士達《きしたち》も奮戦したが、虚《むな》しく敗れてしまったのだ。

「魔力が殆ど尽《つ》きかけて、逃げていたところをルウに救われたの」

フランは物憂《ものう》げに呟き「ふう」とひとつ息を吐《は》いた。

しかしアデライドには不可解だった。

「でも変じゃない？　貴女も索敵《さくてき》の魔法は使える筈よ、敵がそんな数でいきなり奇襲《きしゅう》なんて考えられない」

自ら我《わ》が娘に教えた索敵魔法《さくてきまほう》が全く効かないとは……

「ええ……　私も納得が行かないのよ。ルウと居た時にも追跡《ついせき》されたけど、ルウは感知して私は全く感知出来なかった」

フランも不思議でならないという感じだ。

話していてもしょうがない、ルウ本人に聞いた方が早い。

そう考えたアデライドはルウに向き直る。

「貴方《あなた》には何故《なぜ》分かったの？」

「う～ん、フランの使っていた索敵の魔法《まほう》って……もしかしてこれか？」

ルウは何か呟《つぶや》くといきなり魔法を発動させる。

「えっ！」

「ええっ！」

詠唱も、発動までの間も殆ど無くルウの索敵魔法が発動した。

アデライドもフランも魔法発動の際に放出される魔力波《オーラ》はある程度見極《みきわ》められる。

間違い無《な》い！　これは……私達が使う索敵魔法だ。

ルウから感じた魔力波《オーラ》は術者の魔力を索敵魔法の魔法式により、変換して発動させたものであろう。

それにしても無詠唱で予備動作も全くなく魔法を発動させるとは……

「う、うん、ルウ。確かに今、貴方の発動させたものが索敵の魔法よ」

フランは呟き呆然としていたし、アデライドは大きく目を見開き、ルウを見て「ふーん」と唸《うな》っている。

「ルウ、え、詠唱は？　発動させる魔法式の？」

しかしルウは事も無げに答える。

「フラン、お前の魔力波《オーラ》と近いものを放出する段階から、逆算でイメージしたんだ。俺はこれくらいの魔法ならすぐに発動できるし、無詠唱でも大丈夫だ」

「ええっ⁉　これくらいって……や、やっぱりルウ……　貴方って凄いわ！」

フランはルウの底知れぬ実力に思わず感嘆《かんたん》してしまう。

だがルウは一転して真面目《まじめ》な顔付きとなった。

いつもの穏やかな表情が消えている。

「……フラン、実は奴等《やつら》の死体を回収してあるんだ。ぜひアデライドさんへ見せたい……ここで出していいかい？」

「や、奴等の死体⁉」

フランは驚いたように叫《さけ》ぶとガタガタと震え出した。

襲《おそ》われた、あの忌《い》まわしい記憶《きおく》が甦ってしまったのであろう。

フランはいきなり取り乱し始めてしまったのだ。

「ル、ルウ！　ど、どこ！　怖《こわ》い！　怖いの！　私を守って！　私をしっかり摑《つか》まえていて、離《はな》さないで！」

子供のように怯《おび》えるフランはいきなりルウに抱《だ》きつくと、酷く暴れだした。

「フラン！」

吃驚したアデライドが大きな声を出し、慌《あわ》てて鎮静《ちんせい》の魔法を発動しようとする。

だがルウが手を挙げて、落ち着けと言うようにアデライドを抑《おさ》えた。

「どうするつもり？」

「まあ、任せろ」

ルウは暴れるフランを抱いたまま言霊《ことだま》を唱え始める。

「大地の息吹である風よ、森の木々を揺らし、その囁《ささや》きは生けるものの子守唄《こもりうた》となる！　大地に命を育む水よ、その大いなる恵《めぐ》みは海となり、その寄せて返す小波《さざなみ》は母なる胎内《たいない》の調べとなる！　我は求める、その平穏《へいおん》を！　我は与える、愛する者にその安らぎを！」

ルウは左手でフランを支えながら右手をかざすと、その中に眩《まばゆ》い白光が満ちていく。

「鎮静《リミッション》！」

ルウから放出された白光はフランを優しく覆《おお》い、更《さら》に部屋へ満ちて行った。

「あ、あああ……」

暴れていたフランが静かに……眠《ねむ》るようにルウへもたれかかる。

一方、アデライドの目に飛び込んで来たもの……ああ、それは何という光景だろう。

白光の造り出す幻影《げんえい》の中に今は亡《な》き愛《いと》しき者達が出現したのだ。

まず現れたのが今は亡き両親であった。そして次に現れて微笑みかけたのが、アデライドの最大の理解者、夫フレデリクだったのである。

久し振りに見る夫の笑顔が……アデライドには懐《なつ》かしく愛しかった。

幻影の筈なのにまるで生きているような夫の面影《おもかげ》がアデライドの魂《たましい》を打つ。

「あ、あなたぁ！」

アデライドは幻《まぼろし》と分かっていながら呼び掛《か》け、虚しく手を伸《の》ばしたが……

白光が収まった時、その伸ばした手の先に立っていたのは気を失ったフランを抱きかかえていたルウであった。

「アデライドさん、俺が軽率《けいそつ》でした。フランはまだまだ立ち直ってはいなかった」

ルウはフランを抱いたまま、申し訳無さそうに頭を下げた。

だがアデライドはゆっくりと首を振る。

「いいのよ、フランはこの先、もっともっと強くならなきゃいけない。でもね、まだまだひとりでは歩き出せないの。……貴方はフランにとって神の御使《みつか》いかもしれないわね」

ルウはアデライドの問いには答えない。

「それよりフランを休ませたい……」

フランを心配するルウはすぐに寝室《しんしつ》へ運ぼうと申し出たのである。


フランを私室へ寝《ね》かせた後、ルウは再び収納の腕輪《うでわ》から異形の死体を取り出した。

収納の腕輪は魔法の力によって亜《あ》空間《くうかん》に繋《つな》がり、中では時の流れが止まっている。

異形の死体は腐敗《ふはい》もしておらず、フランが襲撃された日のままであった。

「ルウ……貴方ったら、どこまで私を驚かせるの？　何、その腕輪？」

アデライドは呆《あき》れたように、ルウの左腕《ひだりうで》に装着された収納の腕輪を見詰《みつ》めた。

「一応、俺の自作なんですが」

「じ、自作!?　……ま、まあ良いわ。まずはこの異形の検証から始めましょう」

アデライドは苦笑《くしょう》し、異形の死体を調べ出した。

「ええと、身長は１ｍを少し超《こ》えた程度ね……容姿は人間と言うよりゴブリンに似ているわ。これで魔法を使うの？」

　騎士達の攻撃《こうげき》を受け破損した異形の死体を見て、アデライドは綺麗《きれい》な眉《まゆ》をひそめる。

「はい、俺には火属性の魔法、炎弾《ファイアブリット》を使って来ました。身体の構造を見ると耐久性《たいきゅうせい》はあまり無さそうですが、体力と敏捷性《びんしょうせい》はそこそこありそうです」

「これが群れで襲って来たのね」

「ええ！　俺は擬似生命体《ホムンクルス》の身体をベースに使って、ゴブリンと魔法使いの死霊《しりょう》を組み合わせた合成生物《キメラ》ではないかと見ています」

「ふうん、おぞましいわね。こいつらが索敵の魔法に引っかからなかったのは何故かしら？」

　アデライドとしてはそこが一番、気になる所であった。

　索敵魔法が効かず至近距離まで相手の所在が分からなければ、いきなり不意打ちを喰《く》らってしまうからだ。

「索敵の魔法とは相手の魔力波《オーラ》を感知し、種族や害意の有無を識別する魔法ですよね。だとしたら合成生物という事で魔力波の質も変えられている可能性があります」

　全ての物から発する魔力の波長、すなわち魔力波はこの世界を創《つく》った創世神により定められたとされている。

その質を意図的に変えるとは、いくら魔法とはいえ、そのような事が出来るのだろうか？

アデライドはルウの説明を聞いて、思わず身を乗り出した。

先程の収納の腕輪に続いて好奇心が溢《あふ》れ出し、もう我慢出来なかったのだ。

「ル、ルウ！　それって具体的に説明してくれる⁉」

「了解《りょうかい》です。例えばこいつらの魔力波が人間に対して害意の無い草食獣《そうしょくじゅう》に無理矢理《むりやり》に変えられていた場合は、素敵の魔法では危険な存在として感知出来ませんよね」

ルウがすらすらと自分の仮説を述べた。

アデライドは感心した様に息を吐き、手を叩《たた》いて喜ぶ。

「成《な》る程《ほど》！　さっきの合成生物《キメラ》といい、なかなか鋭《するど》い観察をしているわね。まあ、どちらにしてもこんな物を造る輩《やから》は碌な者ではないわ」

「確かにそうです」

「そもそも私達魔《ま》法使《ほうつか》いが使役する擬似生命体のゴーレムだって、本来は創世神にしか扱《あつか》えない命を軽視する悪魔《あくま》の所業って、当時は非難されていたしね」

「だけど何故、フランが狙《ねら》われたのでしょう？」

「……あると言えば、ありすぎるかも」

ルウが尋《たず》ねるとアデライドは腕組《うでぐ》みをして考え込んだ。

英雄の子孫である名門ドゥメール家の血筋、魔法使いとしての素晴《すば》らしい才能と早過ぎる出世、楽に生活していける莫大《ばくだい》な資産等々。

愛する夫は夭逝《ようせい》したものの、恵まれた環境《かんきょう》と類稀な才能が世間の妬《ねた》み嫉《そね》みを買うようだ。

誇りと見栄《みえ》が重きを占《し》める、虚飾《きょしょく》に塗《まみ》れた貴族社会なら尚更《なおさら》かもしれない。

「今回の件は、私の巻《ま》き添《ぞ》えで娘が狙われたと思っているの。悪い事をしたし、あとで謝《あやま》らないとね。それに貴方にもまだちゃんとお礼を言っていなかったわ」

アデライドは済まなそうに手を合わせ、頭を下げる。

「改めて御礼《おれい》を言います、ルウ・ブランデル様。大事な大事な我が娘の命をお救い頂きましてありがとうございます。アデライド・ドゥメールは心から感謝しております」

丁寧《ていねい》に頭を下げたアデライドではあるが、顔は悪戯っぽく笑っていた。

「御礼はきちんとさせて頂きますけど……その前にお願いがあるわ」

アデライドは口篭《くちごも》るが、まだ何か頼《たの》みたい事があるようだ。

ルウの顔を覗き込むと、自分の意思をはっきりと告げたのである。

「貴方の今までの境遇《きょうぐう》、そして習得している精霊魔法の話をぜひ聞きたいの」

アデライドの瞳《ひとみ》は、フランが襲われた事件の話以上に爛々《らんらん》と輝《かがや》いていた。

# 第二章　フランとの約束

## 第10話「面接と採用」

アデライドに懇願《こんがん》されたルウは、頭を掻《か》きながら苦笑する。

ルウを見詰めるアデライドは好奇心に満ちた子供のようだ。

「う～ん、俺の境遇ですか？　フランには話したけれど、最初から話した方が良いのかな」

「ええ、最初からよ！　フランに話したのと同じように、私にもきちんと話してね」

アデライドから再度念を押《お》されると、ルウは小さく頷いてぽつりぽつりと話し始めた。

１０年前、自分が９歳《さい》か１０歳と思われる時に、ヴァレンタイン王国よりはるか北方のロドニア王国奥《おく》に位置する北の森を彷徨《さまよ》っていた事。

生まれてからの記憶が一切《いっさい》無い事。

アールヴのソウェルと称《しょう》する老人に拾われ、育てられた事。

魔法の才能があると言われて１０年間徹底的《てっていてき》に鍛《きた》えられた事。

育ての親であるアールヴの老人が最近亡くなった事。

生前に老人の後継者《こうけいしゃ》にと指名されていたが、人種の違いなどから自分には跡《あと》を継《つ》げないと判断し、きっぱり断った事。

当ても無くアールヴの里を出て旅立った事。

里を出て1ヵ月後《かげつ》にフランが襲撃されたところを助け出して、今この屋敷に居る事。

「境遇って言うか、こんな生《お》い立《た》ちなんだけど……」

不幸な過去の筈《はず》だが、ルウは性格的に明るく、暗い陰《かげ》は一切無い。

しかしアデライドはルウが不憫《ふびん》でならない。

「辛《つら》くないの？」

「いや、俺は爺《じい》ちゃんに拾って貰って幸運だったから……すごく感謝している」

ルウの表情は遠い日の懐かしい記憶を追っていた。

魔法使いとしての才能を引き出してくれた事、生きていく術《すべ》を教えてくれた事、そして家族としての温《ぬく》もりを与えて貰った事。

「幸運だった？　でも、ルウは本当の親御《おやご》さんとか気にならないの？」

アデライドがそう聞いても、ルウは笑顔のまま首を横に振ったのである。

「本当に？」

アデライドは重ねて聞くが、ルウはまた首を振る。

「まあ……気にならない事はないけれど、記憶を失っているから何の手懸《てが》かりも無いし、もし会えるのなら、いつか会えると思う」

ルウは自分の過去に関しては達観している。

自分の身内がどこかで幸せに暮らしていれば、それで良いと考えているようだ。

「それよりも俺は自分の力で生きていかなきゃ。そしてこの広い世界をいろいろ見たくなったから旅立ったんです」

自分の親代わりだったアールヴの老人、すなわちソウェルが語った旅の話を聞いて、ルウは心躍《おど》らせたという。

ソウェルは7千年生きた人生の殆どを使って、この広い世界を見て回ったらしい。

様々な種族との触《ふ》れ合《あ》いや膨大《ぼうだい》な知識の吸収……長きに渡《わた》る旅は素晴らしいものだったようだ。ソウェルの話を聞いたルウは決意した、いつか自分も必ず旅に出ようと。

そして遂《つい》に夢が叶《かな》い、旅立てた事をルウは嬉々《きき》として話している。

「俺は所詮《しょせん》人間族だから、アールヴ族のように人生の時間はたっぷりとは無いでしょう？だからすぐ旅に出ようと決めたのですよ」

「確かに人間の人生は、数千年生きるアールヴに比べればほんの一瞬《いっしゅん》ね」

「はい！　それにとりあえず冒険者《ぼうけんしゃ》になれば、金を稼《かせ》ぎながら世界を見て回れますからね」

ルウはそう考えてアールヴの里を出ると、この大陸で冒険者の街と呼ばれるヴァレンタイン王国バートランドへ向かおうとしたのである。

「あの……この世界全てのアールヴ族を束ねるソウェルが、貴方の育ての親っていうのが、まず驚《おどろ》きなんだけれど」

「ふ～ん、そんなに凄《すご》いのかな？　俺《おれ》から見たら気難しい普通《ふつう》の爺ちゃんだったけど」

あっけらかんと言うルウに、アデライドは呆れて言葉も出なかった。

人間がアールヴの長であるソウェルから直接魔法を習う。

この青年は『それ』が、どれだけ凄い事か分かっていないのだ。

アデライドは思わず叫びたくなる。

出来れば私だって教授して貰いたいもの！

遥《はる》か神代《かみよ》から伝わるアールヴの知識に裏打ちされた古代魔法《ハイエイシェント》をぜひ習ってみたい！　そして数千年に渡る長い旅の話を全て聞いてみたい！

想像するだけでときめきを抑え切れなかったが、アデライドはとりあえずもっとルウの話を聞く事にした。

「成る程ね、貴方の境遇は分かったわ。で、精霊魔法の方も教えて貰っても良い？」

「ああ、基本はアールヴが使う精霊魔法を爺ちゃんに教えて貰った」

「やっぱり！　さ、さっきの魔法は正統な精霊魔法なの⁉　確かにアールヴは精霊魔法を使うと聞いているけど、精霊と人間の交信、そして相互《そうご》理解はかなり難しい筈よ」

　人間が主に行使している魔法式は、かつて神や神の使徒、そして精霊が行使した魔法のほんの一部を、魔法を学んだ先人達が長い時間をかけて定式化したものである。

　アデライドが行使する魔法式発動に対して、アールヴ達の精霊魔法は術者が召喚《しょうかん》した精霊の力を借りて行使すると言われている。

　召喚した精霊から直接魔力《まりょく》を得るので、魔法式を使った間接的な魔法に比べると効果が桁違《けたちが》いに大きいのだ。

「うん、爺ちゃんにもそう聞いているよ。全てのアールヴがお前みたいに精霊魔法を使える訳ではないって言われた。精霊魔法を行使出来ないアールヴは人間同様、独自の魔法式を使って魔法を行使しているってさ」

　ルウの説明を聞いたアデライドは納得して頷く。

　いくら妖精族に近いアールヴとは言っても彼等《かれら》の全員が精霊魔法を使えるわけではない。正統な精霊魔法とはそれほど難易度が高いのである。

「でも俺は４大精霊《せいれい》全《すべ》てに祝福して貰ったから発動は簡単だったよ」

はぁっ⁉　今、何て言ったの？　４大精霊全てって言った？

そんな馬鹿《ばか》な!!!

アデライドは自分の耳を疑った。

驚きのあまり、身体が小刻みに震えていた。

種族を問わず、術者には生まれた時から『魔法適性』と言うものがある。

例えばアデライドは火属性の魔法適性があり、風属性の魔法の準適性がある。

適性以外の属性魔法は魔法式を使用すれば唱えられなくはないが、デメリットがある。

適性のない属性魔法を術者が無理をして発動した場合、通常より遥かに多い魔力を消費するのは勿論、効能効果も著《いちじる》しく落ちてしまうのだ。

「うん！　俺は爺ちゃんの知る限りでは４人目の全属性魔法使用者《オールラウンダー》だってさ」

「オ、オールラウンダー⁉」

アデライドはその恐《おそ》るべき事実を聞いた上で、目の前にいる穏《おだ》やかな表情の青年を見ても全く実感が湧《わ》かなかった。

「そ、そ、そんな事って……あ、あ、あり得ないわ！」

愕然《がくぜん》とし、繰《く》り返《かえ》して呟くアデライドへルウは首を横に振った。

「でもアデライドさん、今まで何人か存在はしたらしいよ。神代《かみよ》の時代には魔族《まぞく》にもアールヴにも結構居たらしいしさ。爺ちゃんが生まれてからの7千年の間には爺ちゃん自身を入れて少なくとも3人は存在したって聞いたぞ」

「はあ⁉　7千年で3人って！　も、もしかして、ルウ！　そ、それって！　す、す、凄いことじゃあない⁉」

吃驚して叫んだアデライドに、きょとんとするルウ。

ルウには全く慌てた様子がない。

アデライドは、初めてルウという青年が理解出来たのである。

この子は……魔法の才能やそれに付随《ふずい》する知識は凄いけど、アールヴの里で暮らしていて、人間世界の価値観や一般《いっぱん》常識とかはあまり知らないのだわ。

アデライドはそう思うと、少し微笑ましくなった。

「ところで俺、これからどうしたら良いのかな？」

「どうしたらって？」

ルウは……この子は一体、何を言おうとしているんだろう？

アデライドはルウが次に何を言い出すのか、全く予想がつかなかった。

「俺はこのヴァレンタインで冒険者になるつもりだったんだ、でも……フランが、フランが駄目《だめ》って言うんだ」

「………」

「俺はこのままフランを見捨てられない、約束もしたんだ」

アデライドは気になった。

フランとの約束って？　……私の娘《むすめ》はこの子と一体何の約束をしたというのか？

「ルウ、教えて頂戴《ちょうだい》。貴方はフランとどのような約束をしたの？」

「フランがいる、アデライドさんの学校の先生になってくれって……頼まれたのさ」

「え!?　それって……」

ルウの言葉を聞いてハッとしたアデライドであったが、すぐに微笑みながら口を開く。

「そう……ルウ、ありがとう。娘を、フランの事を大事に思ってくれるのね」

アデライドはルウの気持ちが素直《すなお》に嬉しかった。

フランは以前起こったある大事件のせいで婚約者《こんやくしゃ》を亡くすと、巷《ちまた》で陰があると言われるようになり、自分から見ても、まだまだ性格的に脆《もろ》い存在だったのだ。

それが、ルウが傍《そば》に居ると、あんなに明るく楽しそうに、積極的に振る舞《ま》うなんて……

絶体絶命の危機にルウに命を助けて貰った事は確かに大きいだろう。

だがフランがルウを信頼《しんらい》する理由はそれだけでは無い筈である。

そう考えると、アデライドはフランが何故《なぜ》彼《かれ》を学校に引き入れようとしたか分かる気もしたのである。

「でもさ、俺、魔法使《まほうつか》いとしてまだまだって爺ちゃんにずっと言われていたんだ、そんな俺が学校の先生なんてやれるのかな」

思いがけない事を言い出すルウに対して、アデライドは思わず吹《ふ》き出した。

「ふふふふふ、面白《おもしろ》い事を言うわね、貴方。そんな事を言ったら、世界中の殆《ほとん》どの魔法使いに殴《なぐ》られるわよ」

「……………」

アデライドの言葉を理解出来ないルウは不思議そうに首を傾《かし》げる。

ルウにとっては師匠《ししょう》であるソウェルの言葉が絶対の物差しなのであろう。

「ふふ、まあ良いわ。今は春季休暇《きゅうか》中でこれからすぐに実地研修をして貰《もら》う事になるけど、フランシスカ校長代理の絶対的な推薦《すいせん》と、理事長である私アデライドの文句無しの承認《しょうにん》がたった今、ここで下りたわ」

アデライドは悪戯《いたずら》っぽく笑い、続いてルウと学園との間に取《と》り交《か》わされる教師としての雇用契約締結《こようけいやくていけつ》を言《い》い渡した。

「……規定により1年間の試用期間を経《へ》ることになりますけど、とりあえず貴方をヴァレンタイン魔法女子学園の臨時教師として採用します。待遇《たいぐう》などの条件は私に任せてね、乱暴なようだけど悪いようにはしないから。うふふ、いろいろな意味で頼《たよ》りにしているわよ、ルウ」

「俺……」

アデライドの話を聞いてルウは思わず逡巡《しゅんじゅん》した。

やはり冒険者になるという、最初の決心との狭間《はざま》で揺《ゆ》れているのだろう。

しかしフランの事を考えたアデライドは、ここぞとばかりに迫《せま》った。

愛娘《まなむすめ》フランの為《ため》でもある。

「あらあら……どうしたの、さっきみたいに言ってくれないの？」

アデライドはにっこりと笑うと「ほら言って！」と右手を差し出したのである。

こうまで言われたらルウも迷ってはいられない。

「分かった！　まあ、任せろ！」

ルウはアデライドの右手をがっちり掴《つか》んで握手《あくしゅ》すると、大きな声でそう返したのであった。

# 第11話「過去」

こうしてヴァレンタイン王立魔法女子学園の臨時教師としてルウの採用が決定した。

しかしルウには学園の概要《がいよう》や教師として何をすべきなのかが一切分からない。

その為にアデライドはルウに対して様々なレクチャーをする事にした。

幸い、今は３月半ばで学園の春季休暇が始まったばかり。

春期講習があるから、研修期間も設けられるし、４月から新学期を迎《むか》えるから、臨時教師が赴任《ふにん》するタイミングとしてはベストだろう。

アデライドがその旨《むね》を告げると、ルウは真剣《しんけん》な表情になる。

「まず学園の概要、組織構成と勤務についてだけど……」

学年は１年から３年、各３クラスずつ、１クラスに在籍《ざいせき》する生徒数は約３０名前後。

組織は理事長のアデライドに校長代理のフラン、アールヴの教頭、ベテランの主任、そして先輩《せんぱい》の教師達が７名、今年４月から着任する新人教師が１名、そして事務局の職員が３名と学生寮《がくせいりょう》の舎監《しゃかん》が１名の計１６名に、臨時教師のルウが加わる事になる。

ちなみに先輩教師に来年の3月で退職する予定のベテラン教師が1名居るが、その教師が唯一《ゆいいつ》の男性で、それ以外は皆《みな》、女性である。

教師達はクラスの担任を受け持つと同時に、各自が専門科目を担当し授業をするという。

ちなみに基礎《きそ》科目の魔法学はⅠからⅢまでに分かれていて、番号が若いほど基礎的《きそてき》な内容であり、生活魔法から上級魔法までの概要を記載《きさい》したものだ。

専門科目で言えば、魔法攻撃術《まほうこうげき》、魔法防御術《まほうぼうぎょ》、魔道具研究、上級召喚術、錬金術《れんきんじゅつ》、占術《せんじゅつ》があり様々な系統の魔法を学べるようになっていた。

教師を含《ふく》めた職員の出勤時間は午前7時45分。毎朝8時開始の職員会議を経て、授業開始は午前9時からである。ちなみに生徒の登校は午前8時30分。

教師は45分の授業を休み時間15分を挟《はさ》んで、午前に3つ、午後にふたつ行い、生徒は何もなければ午後3時30分には下校する。職員の退勤は運動部や文化部などの担当や残務が無ければ基本的に午後4時30分となる。

「ここまでは良いかしら？　今、話した事項《じこう》を記載してある学園の職員手帳も渡すから、あとで確認《かくにん》してね」

アデライドは緑色のカバーをした冊子をルウに手渡《てわた》してくれる。

ルウはそれを受け取ると大事そうに収納の腕輪に仕舞《しま》う。

「次は貴方が教える科目に関してかしら」

夥《おびただ》しい数の教科書がテーブルにずらりと並べられた。

先程アデライドが説明した基礎の魔法学や専門科目の教科書である。

「これらの教科書に出ている魔法は、精霊魔法《せいれいまほう》ではなく全《すべ》て魔法式によるものなの、貴方に覚えられるかしら？」

先程フランの索敵魔法を簡単に再現してしまったルウである。

答えは大方予想出来ていた。

「うん、楽勝さ。魔法式を見て一回発動すれば、後は無詠唱《むえいしょう》でも行けると思うぞ」

思った通りにルウはあっさりと答える。

もう！　とんでもない子！

アデライドは思わず苦笑した。心配は、やはり杞憂《きゆう》に終わったのである。

「魔法に関しては大丈夫《だいじょうぶ》そうね。問題は教え方、すなわち授業のやり方だけど、これは教師によって全く違うのよ」

ひたすら真面目に教える教師、厳しく教える教師、そして軽妙洒脱《けいみょうしゃだつ》な会話で盛り上げる教師など、授業の仕方は様々らしい。

「俺、どのようにやれば良いかな？」

「あのフランをこれだけリラックスさせて、やる気にさせたんだもの。貴方は貴方らしくやれば良いと思う」

「あのフラン……って、一体どういう事？　かな」

気になったルウはアデライドに尋ねた。

あの――と呼ばれるフランが、気難しいとか変わっているとか、全く思えない。

ルウにとってのフランとは、明るく優《やさ》しくて気配りの行き届く美人であり、良い香りがする素《す》敵《てき》な女の子だったからだ。

アデライドは微《び》妙《みょう》な表情をした。

ルウへ何かを話すと決意した顔付きだ。

「あの娘にはね……実は、婚約者が居たの。１２年前に私が許《いい》婚《なずけ》に決めたんだけど」

フランが１０歳の時に決めちゃったの……と、アデライドは遠い目をして苦笑した。

この国の貴族は良い相手が居れば早いうちに許婚を決めて結《けっ》婚《こん》させるらしい。

伯《はく》爵《しゃく》令《れい》嬢《じょう》であるフランも例外ではなかったのだ。

「８歳《さい》違《ちが》いでね……さる伯《はく》爵《しゃく》家《け》の次《じ》男《なん》坊《ぼう》だったわ」

アデライドの話は続く。

１８歳の男に対して、子供のような１０歳の少女……そんなものか？

ルウにはあまりピンと来なかった。

「婚約《こんやく》が決まってから彼《かれ》はよくこの家へ遊びに来ていたわ。まだ子供だったフランの相手もきちんとしてくれてね、フランも彼にとっても懐いていたのよ。でもね……あの運命の日がやって来たの」

運命の日？　一体、何だろう？

ルウはアデライドの話を待った。

「今から１０年前、彼女《かのじょ》が１２歳の時に突然《とつぜん》、『大破壊《だいはかい》』がやって来たのよ。貴方もアールヴの国に居たのなら、違《ちが》う呼び方かもしれないけど聞いた事がある筈よ」

ルウの知識で大破壊とは、確かアールヴの国で『神の怒《いか》り』と呼ばれていた現象だ。

それは突然、理由も無くこの世界へやって来る災害……

激しい大嵐《おおあらし》であったり、害を為《な》す魔物《まもの》の大量発生だったり内容は様々である。

「あの日、この王都《セントヘレナ》に獰猛《どうもう》な二足竜《ワイバーン》の群れが襲って来たの」

「二足竜《ワイバーン》？　……成る程、そうか……」

二足竜と聞いたルウの目が、一瞬険しくなる。

ルウの表情が僅《わず》かに変わったのをアデライドは見逃《みのが》さなかった。

「何か……あったの？」

「いや、何でもない。……話を続けて下さい」

「ええ、それでね……」

当時、フランの婚約者は王都騎士隊《きしたい》に入隊して2年目の若手だったという。

20歳の若き婚約者は、出撃《しゅつげき》前にフランを安心させる為に屋敷《やしき》を訪《おとず》れた。

そして「フランを必ず守る、生きて戻《もど》る」と約束した上で、二足竜との戦いに臨《のぞ》んだのである。

王都中を巻き込む激戦の中でヴァレンタイン王国王都騎士隊も奮戦し、二足竜は撃退《げきたい》され、フランを守るという約束は果たされた。

しかしフランへ生還《せいかん》を約束した婚約者は、二度と帰っては来なかった。

戦いの最中《さなか》、二足竜に身体を引《ひ》き裂《さ》かれ、無残にも戦死したからである。

愛する者が死んだと告げられたフランは毎日泣いていたという。

その日以来、明朗快活だった優しい少女フランは変わってしまったのだ。

自分の感情を内に押し込め、ただひたすら魔法を学ぶ事に没頭《ぼっとう》したのである。

無口で無愛想、表情に乏《とぼ》しい少女と化したフランはヴァレンタイン魔法女子学園から同
魔法《まほう》大学に進み、母と同様に4年の修業《しゅぎょう》年限を僅か2年で終えて卒業した。

成績優秀《ゆうしゅう》で各方面から引く手数多《あまた》の中、何故《なぜ》か母校へ教師として戻って来たのである。

そのまま魔法大学で研究を続ける道もあったが、母校に戻りたいと言うフランの気持ちが尊重された。

何故フランが教師になりたかったのかは、当の本人が一切明かさないので今でも不明だ。

「魔法大学での成績はトップクラスで、その上私の娘だから校長代理兼《けん》教師として学園に居るけど……生徒の評判は良くないわ」

フランは授業も下手だし、雰囲気《ふんいき》も暗いと言う。

それ故《ゆえ》、生徒達からはあからさまに反抗《はんこう》されたり、無視される事も多いらしい。

こうなると仕事に対して向上心はなくなる一方だし、いずれは生きる気力も失うだろう。

「……世間では魔法馬鹿《まほうばか》と呼ばれている私もやっぱり人の親。フランの将来がとても心配なのよ」

ルウはアデライドの言葉を聞き、僅かに微笑《ほほえ》む。孤児《こじ》である自分は経験した事がないが、母親とはそのようなものだと、何となく思ったからだ。

「でも、そんな時にルウ、フランの前に貴方《あなた》が現れてくれた、彼女の命を助けてくれたわ」

「たまたまです」

「そんな事はない！　運命の導きだわ！　貴方はきっとあの子を救ってくれる」

アデライドは嬉《うれ》しそうに笑う。

「私には残念ながら予知魔法の能力は無いけれど……結構、勘《かん》は鋭いし、引きは強い。貴方は私達母娘と学園にとって最高の待ち人だわ。私には……分かるの！」

ルウは真剣な表情で話を聞いていた。

そして話の最後にアデライドから、最高の待ち人と言われた瞬間《しゅんかん》、深々とお辞儀《じぎ》をしたのである。

# 第12話「叱咤」

昨夜、フランは夢を見た。

珍《めずら》しく寝覚《ねざ》めが良く、何か安心できる夢だったらしい。

らしい、というのはいつもと同様、起きた瞬間に見た内容を全て忘れてしまったからだ。

「私……何故？」

フランが起きて最初に出たのは疑問の感情と言葉であった……

目が覚めたのは自室のベッドの上で、いつの間にか寝巻《ねま》きに着替《きが》えていたのである。

おかしいわ……私は昨夜、お母様やルウと一緒《いっしょ》で研究室に居た筈だ。

首を傾げるフラン。

疑問の種明かしをしてくれたのは、メイドのロラであった。

「研究室で気を失ったお嬢様《じょうさま》をルウ様がお部屋へお運びになりました。お着替《きが》えは奥様《おくさま》の命令により、失礼ながら私がさせていただきました」

……やはり、そう……研究室での記《き》憶《おく》が後半で飛んでいる。

フランは暫《しば》し考え込む。

思い出した！

魔物の遺体を出すとルウが言ってから、私は取り乱したんだ！

それから先の事は覚えていない。しかし何か心地《ここち》好《よ》い感覚に包まれた気がする。

昨夜もそうであったが、フランは夢を見る事が多い。

いつもは目覚めが悪い事が多いのではあるが、今朝は全く違っていたのだ。

安眠《あんみん》できたのは絶対に……ルウのお陰《かげ》だろう。

何故かフランにはそんな確信があった。

そうだ！　ルウは!?　ルウはまだ屋敷に居るのかしら？

フランは気になってロラに聞く。

するともう朝食の準備が出来ており、ルウはとっくに起きて母と一緒に自分を待っていると言う。

よかった！　夢は醒《さ》めていない！

思わずにっこり笑ったフランは急いで着替えると、自室から矢のように飛び出した。

階下の食堂へ勢いよく二段跳《と》びで階段を降りる。

背後からロラの冷たい視線を浴びたような気がしたが、知った事ではない。

「お、お早うございます！」

「あらあら！　もうすっかり元気みたいね、フラン」

フランは勢い込んで食堂に入ると、大きな声で挨拶《あいさつ》した。

アデライドは朝から明るい愛娘に少し吃驚《びっくり》したような表情だ。傍《かたわ》らのルウも嬉しそうに笑っている。

「おお、フラン、もう大丈夫《だいじょうぶ》か？」

「大丈夫！　それよりルウ、私に黙《だま》って出て行かないでね、約束よ、絶対！」

フランはルウにせがむと、アデライドにも向き直った。

「ね、ね、ねえ！　お、お母様！　あ、あの後は、どうなったの⁉」

噛《か》みながらも必死でアデライドへ問《と》い質《ただ》すフラン。

慌《あわ》てるフランにいつもの毅然《きぜん》とした淑女《しゅくじょ》たる面影《おもかげ》は全く無い。

「さっきから一体どうしたの、フラン。ほら使用人達が吃驚しているわよ」

苦笑するアデライドは、興奮気味の愛娘を宥《なだ》めようとする。

「だ、だって！　ルウがこれからどうするのかが、気になるのよ！」

「うふふ、貴女《あなた》が彼にお願いした通り、しっかり契約《けいやく》しといたわよ。学園の臨時教師としてね」

アデライドはどや顔で娘に言い放つ。

傍らではルウが肯定《こうてい》するように頷《うなず》いた。

「ああ、良かったわ！　すっごく嬉しいっ！」

フランは躍り上《あ》がって喜び、アデライドも微笑ましく見守っていた。

しかし喜んだのも束《つか》の間《ま》、フランはすぐに難しい表情となり、終《しま》いには腕組みをしてしまう。

「……うーん、良かったけど何故か私は複雑な気分……」

眉間《みけん》に皺《しわ》を寄せ、フランは不機嫌《ふきげん》そうに黙り込んだ。

ルウが教師になると約束した現場に自分は居る事が出来なかった。

それが相当悔《くや》しいらしい。

アデライドは愛娘の表情を見て面白くなり、からかおうと思ったようだ。

更《さら》に爆弾《ばくだん》を投下したのである。

「それにね、ルウの身の上や魔法の事もすっかり聞いちゃったの！」

「えええええっ！　お母様ったら！　……ず、ずるい」

母から『挑発《ちょうはつ》』されたフランは、思いっ切り頬《ほお》を膨《ふく》らませた。

不満な気持ちを隠《かく》そうともしない。

愛娘のしかめっ面《つら》を見たアデライドは、悪戯っぽく笑いながら更にとどめを刺《さ》す。

「仕方が無いじゃない。貴女ったら、あれくらいで呆気《あっけ》なく気絶しているのだもの」

「あ、あれくらいって⁉　くううう……酷《ひど》いわ」

フランは心の底から悔しそうだ。

ルウの身の上話や魔法の事を詳《くわ》しく聞きたかったに違いない。

ふふふ、どうしたの？　フランったら、おかしいわよ。

今迄《いままで》は他人の事なんて全然無関心だったのに、ね。

アデライドが娘をいじるのは、明るくなった娘に対する母としての喜びゆえであろう。

ドゥメール家の朝食は、使用人に囲まれながら母娘ふたりで最低限の会話をするだけの味気無い物だったからである。

「まあ、良いわ。今日は3人で学園へ行きましょう。今は春季休暇中だけど、学園の中の案内と休日出勤をしている職員が居る筈だからルウを紹介《しょうかい》しないとね」

「うう、分かったわ。でも後で私にもいろいろ話を聞かせてね。必ずよ、ルウ」

アデライドが学園への見学を持《も》ち掛《か》けると、フランも仕方なく承知したのであった。

1時間後、馬車の準備がされて3人は乗り込んだ。これからヴァレンタイン魔法女子学園に向かい、新たに臨時教師となったルウを案内するのだ。

王都騎士隊《きしたい》から派遣《はけん》されている若い騎士ふたりが馬車の護衛につく。

一方、正門の前には家令のジーモンと使用人数人が見送りをするべく、スタンバイをしている。

笑《え》みを浮《う》かべたジーモンは最早《もはや》ルウの実力を、全く疑っていなかった。

それどころか、ルウが使ったあの奇妙《きみょう》な体術を知りたくて堪《たま》らなかったし、再び手合わせをしたいとわくわくしていたのだ。

かつては王国の勇猛果敢《ゆうもうかかん》な戦士であったジーモンはアデライドの忠実な下僕《げぼく》であると同時に、完璧《かんぺき》な戦闘マニアなのである。

「奥様、お嬢様、いってらっしゃいませ！　ルウ殿《どの》、おふたりを頼むぞ」

ジーモンは笑《え》みを浮かべて、3人を見送った。

ふたりの騎士は何とも言えない微妙な表情をする。

怪物《かいぶつ》のような家令が爽《さわ》やかな笑みを浮かべて見送っているからだ。

そして応《こた》えるフランも満面の笑みである。

これも騎士達《きしたち》には驚くべき事であった。

気難しい事で知られるこの屋敷の伯爵令嬢が、笑顔で手を振りながら馬車に乗り込んだのだから。

騎士達はお互《たが》いの顔を見合わせると、無理矢理《むりやり》自分を納得《なっとく》させるように首を縦に振《ふ》った。

ルウ達3人全員が乗り込んだのを確認した御者《ぎょしゃ》が合図をして鞭《むち》をくれると、2頭の馬は嘶《いなな》き、馬車はゆっくりと動き出す。騎士達は愛馬に跨《また》がり、ルウ達の馬車と併走《へいそう》する。

ドゥメール伯爵邸《はくしゃくてい》はヴァレンタイン魔法女子学園の最寄《もよ》りに位置していた。

上級貴族が住む屋敷街の隣《となり》の庁舎ブロックの中にヴァレンタイン魔法大学、同女子学園、同男子学園、そして騎士学校などが殆ど配されているのだ。

ほんの10分程度走った後に、馬車は魔法女子学園の正門前に到着《とうちゃく》する。

同行して来た騎士達ふたりは、急いで馬を学園内の厩《うまや》に繋《つな》ぐと正門前に立ち、不審《ふしん》な者がいないか辺りを睥睨《へいげい》した。

門から見て、正面にそびえ立つ大きな建物が校舎であろう。

ルウが数えてみると5階建てで、朝日に映《は》える白亜《はくあ》の校舎は迫力《はくりょく》満点だ。

アデライドが笑顔で説明してくれる。

「あれが本校舎よ、他に研究室と実習室のある4階建ての別棟《べつむね》がふたつ、屋内と屋外の闘《とう》技場《ぎじょう》が各ひとつずつ、学生が住む寮《りょう》がひとつに、教職員用の住宅もあるの」

「おお！　魔法女子学園の本校舎って、でっかくて綺麗《きれい》な建物だな、それに学園中が綺麗な魔力で満《み》ち溢《あふ》れている」

綺麗な魔力が満ち溢れているとは、ルウらしい感想である。

アデライドは嬉しそうに微笑んだ。

ここでお約束とばかりに、ルウの手をさっと握《にぎ》ったのがフランである。

「じゃあ、今度は私が案内するから！」

フランはルウの手を引っ張って歩き出そうとするが……アデライドの鋭《するど》い声が掛かる。

「フラン！　ちょっと待った！」

「え⁉　お母様、何⁉」

戸惑《とまど》うフランへ、容赦《ようしゃ》なくアデライドが叱責《しっせき》する。

「ここは職場で、貴女は校長代理で先輩の教師。ルウは貴女の部下であり後輩《こうはい》にもなるのよ。けじめはきちんとつけてちょうだい！」

「そんな！」

アデライドの通告に、浮き浮きしていたフランが可哀想《かわいそう》なほど意気消沈《いきしょうちん》した。

しかし、アデライドはきっぱりと首を振る。

我《わ》が娘とはいえ、きっちりと公私のけじめをつけさせたのだ。

「そんなもこんなも無いわ。貴女は理事長である私の娘。ただでさえ特別扱《あつか》いされているると思われている。その上、職場で男といちゃいちゃしていたら教師だけでなく生徒達からも総スカンを食《く》らうもの」

アデライドの厳重注意にフランは俯《うつむ》き、暫《しばら》く考え込んでいた。

確かに母の言う事は筋が通っている。

「分かったわ、お母様！」

フランはアデライドの顔を正面から見返すと、大きく頷いたのであった。

# 第13話「新人教師」

「さて、とりあえず理事長室へ行きましょうか？　まだ早いから職員は来ていない筈《はず》ね」

アデライドによると、教師の通常の出勤は7時45分ではあるが、春季休暇中の出勤は休日出勤扱いで9時という決まりらしい。

屋敷で朝食を摂《と》って、すぐ学園に向かったので今は午前8時。

他の教師達《たち》より1時間ほど早く出勤している事になる。

アデライドは先頭に立つと、すっすっと早足で歩いて行く。

ルウとフランはアデライドの後を付いて歩く。

やがて3人は本校舎の入り口である重厚《じゅうこう》な造りの木製扉《とびら》前に立った。

扉は固く閉ざされており、鍵《かぎ》がかかっていた。

どうやら魔法で施錠《せじょう》されているようである。

「今、鍵を解除するわね」

アデライドは銀色のカードを扉にかざし、目を閉じると一瞬《いっしゅん》のうちに魔力を高めて何事かを呟《つぶや》いた。

発動したのは開錠《アンロック》の魔法であろう。

アデライドのカードから放たれた魔力波《オーラ》が扉に触《ふ》れるとガチャリと鍵が開く音がする。

扉が開くと、そこは広々とした空間になっていた。

学生が気軽に利用出来るように、たくさんのテーブルと椅子《いす》が置いてある。

現在は無人だが、一角がカウンターになっており、その奥《おく》が事務所になっているようだ。

ルウが聞くと、やはりこの階《フロア》が学園の事務作業を行う事務局だと言う。

ぐるっと見渡《みわた》すと奥に地下への階段も見えたので、ルウが視線を向ける。

「本校舎専用の学生食堂が地下にあるの」

フランがルウへ囁《ささや》いた。

正面には3つほどの扉があり、上下階への階段もある。

不思議に思ったルウが聞くと、扉の方は魔力で上下する大掛《おおが》かりな魔道具だという。

「ルウ、これは魔導昇降機《まどうしょうこうき》よ」

風の魔法と何か別の力らしいものを組み合わせて動かす、本校舎の1階から5階まで人を乗せて上下する箱らしい。

仕組みの言い方が曖昧《あいまい》なのは、この技術が古代遺跡《いせき》から発見された魔法により成立しているからであり、理論自体がはっきりとは判明していないからだ。

ちなみに3つのうち、ふたつが学生専用、残りのひとつが職員専用との事であった。

アデライドは先程《さきほど》の扉と同じようにカードを翳《かざ》し、昇降機《しょうこうき》の扉を開けると中に乗り込む。

「さあ、ふたりとも乗って！　ルウ、理事長室は5階なの」

昇降機の中からアデライドが手招きし、フランがルウに目配せしてふたりは後に続いた。

3人が乗り込み扉が閉まると、昇降機はあっという間に上昇《じょうしょう》して5階へ到着する。

再び扉が開き、アデライドはさっさと降りると正面の頑丈《がんじょう》そうな扉の前で待つ。

「理事長が偉《えら》そうに5階全部を使っているのよ、無駄《むだ》に贅沢《ぜいたく》でしょう」

フランがご機嫌《きげん》な母の様子を見て苦笑《くしょう》し、呟いた。

娘の嫌味《いやみ》をしっかり聞いているのか、アデライドは「ふふっ」と笑う。

「フランの言う通り、ここが無駄に贅沢な理事長室よ、どうぞ……」

扉の魔法鍵《まほうかぎ》を解除して開けると、正面には木製の重厚な雰囲気の机と椅子がある。

机の背後の壁面《へきめん》には、歴代理事長の肖像画《しょうぞうが》らしい沢山《たくさん》の人物画が飾《かざ》られていた。

向かって右には木製の長テーブルと肘掛付き長椅子の応接セット《ソファ》が1組。

向かって左には本棚《ほんだな》が並んでおり、中には新旧の分厚い魔導書《まどうしょ》がぎっしりと並べられている。左奥にはまた扉があるが、奥は理事長専用の研究室と図書室だと言う。

規模としてはドゥメール邸《てい》にある書斎《しょさい》と同じくらいだそうだ。

「まあ、そこへフランと座《すわ》って待っていてくれる。貴方の職員証を発行してあげるから」

「本来、職員証発行は事務局の仕事なんだけどね」と呟きながら、アデライドはあまり嫌《いや》そうな感じではない。

やがてアデライドは銀色の薄《うす》いカードをルウ達の前にあるテーブルに置いた。

「このカードが当ヴァレンタイン魔法女子学園の職員証よ。ヴァレンタイン王国の身分証兼《けん》通行証といったところかしら」

この職員証はいろいろな証明書を兼《か》ねているらしい。

「さっき私が使ったのを見ていたでしょう。さあ貴方の指先でカードに触れて」

アデライドに促《うなが》されたルウが指先で触れると、カードは一瞬《いっしゅん》眩《まばゆ》く光って徐々《じょじょ》に元の色に戻って行く。

「学園の職員証はミスリル製。ミスリルは全ての金属の中では魔力《まりょく》伝導が最も大きいのよ」

ルウが頷くとアデライドは更に念押《ねんお》しした。

「この職員証は大事にして！　基本は常時携帯《けいたい》、絶対失《な》くさずに持っていてね」

渡《わた》されたカードを、ルウは職員手帳同様、大事に収納の腕輪《うでわ》へ仕舞い込んだ。

「さあて、学園の中を案内する前に午後の話をしておくわね」

「午後の話？」

フランが不思議そうに聞く。

しかしすぐに気付いたようで「ああっ」と声を上げる。

「思い出した？　貴女が襲《おそ》われた事件を王都騎士隊隊長のライアン伯爵《はくしゃく》に報告しなくてはならないでしょう。午後2時に屋敷へ来る予定よ。何せ部下が5人も殺されているしね」

アデライドの言う通り、襲撃《しゅうげき》事件の後処理をしなくてはならない。

怖《おそ》ろしい異形により、人間が5人も亡《な》くなっているのだから。

「そうだったわ……」

フランが暗い顔をして呟いた。

浮かない顔の愛娘を励《はげ》ますように、アデライドが微笑みかける。

「フラン、大丈夫！　私も同席するし、ルウも一緒に居てくれるからね」

「ははっ、フラン。心配するなよ」

「……ありがとう」

ふたりに励まされて、フランは弱々しい笑顔を返す。

ルウが優しくフランの肩《かた》を叩《たた》き、3人はまた校内へ出かけたのである。

説明を受けながらルウが来たのは、魔法女子学園本校舎4階の職員室だ。

「本校舎の４階は校長室、教頭室、この職員室と会議室、教師用の男女別ロッカールームがあるわ。貴方の席はこの職員室に置くし、毎朝の職員会議もこの階の会議室でやるわ」

出勤時間前で、他の教師がひとりも居ない職員室にアデライドの声が響《ひび》く。

「丁度、３日後から春期講習があるから、ルウにも教育実習代わりに出て貰いましょうね。フランの担当するクラスの授業へ一緒に出て頂戴《ちょうだい》」

「やった～」

アデライドの指示を聞いたフランは喜びを露《あらわ》にして、両手を大きく突《つ》き上げた。

「もう仕方がない子ね」

アデライドは苦笑して、はしゃぐ娘《むすめ》を見守っている。

その時であった。

職員室の扉が開き、若い女性の大きな声が響き渡る。

「お、お早うございま～す！」

「あら、お早う！　コレット先生。早いわね」

「お早う……」

アデライドは快活に挨拶し、フランは口籠《くちごも》って挨拶した。

「り、理事長に校長！」

コレットと呼ばれたのは若い女性教師であった。

髪型《かみがた》はポニーテールで明るい栗毛《くりげ》、大きな瞳《ひとみ》は鳶色《とびいろ》、背はフランと同じ１６０㎝を少し超《こ》えるくらいだろうか。

春季休暇《きゅうか》中の休日出勤で来たらしいが、まさか職員室に上席ふたりが居るとは予想していなかったようだ。

女性教師の視線はアデライドからフランに注がれた後、ルウに向けられて動かなくなる。

「あ、あの……その方は？」

「ふふふ、丁度良かったわ。貴女と同じで今年から教師になるルウ・ブランデル先生。ルウ、彼女は新人教師のアドリーヌ・コレット先生よ」

「おう、よろしくな、アドリーヌ！　俺《おれ》はルウだ、ルウ・ブランデル」

不躾《ぶしつけ》なルウの挨拶を聞いてアドリーヌは吃驚する。

え!?　な、何、この人？　この馴《な》れ馴れしい態度？

それにいきなり……私の事、ファーストネームで呼び捨て？

「コレット先生？　どうしたの？　ご挨拶は？」

呆然《ぼうぜん》としていたアドリーヌはアデライドに声を掛けられて、ハッと我に返る。

そ、そうだ！　相手がどうあれ、しっかり挨拶をしなければ！

アドリーヌにとって今、目の前の状況《じょうきょう》は理解不能だ。

ルウという男が理事長達《たち》と、どのような間柄《あいだがら》かも分からない。

だが、ルウは現実に上席２名と一緒に居て、先程からとても親しそうな雰囲気である。

特にフランからはルウに対する特別なものを感じるのだ。

とりあえず挨拶はしなければならない。

社会人一年生としては当たり前だし、ルウがこれからアドリーヌの同僚《どうりょう》になるのであれば、与《あた》える第一印象として最初の挨拶は肝心《かんじん》だ。

しかし、頭で考えた事に身体が素直《すなお》に付いて行くとは限らない。

慌てたアドリーヌは何と、盛大《せいだい》に噛《か》んでしまったのだ。

「おおお、お早うご、ございます。ルルルル、ルウ・ブブブ、ブランデルせ、先生。アアア、アドリリリーヌヌヌ・コ、コレットです。よよよ、宜《よろ》しく、おおお、お願いします！」

アドリーヌは挨拶をしてから、真っ赤になって顔を伏《ふ》せてしまった。

情けない！　私は何という醜態《しゅうたい》を見せてしまったの……は、恥《は》ずかしい！

その瞬間、アドリーヌはポンと肩を叩かれた。

は!?　な、何!?

「悪いな。俺のせいで緊張《きんちょう》させせちゃったみたいだ。でもな、アドリーヌ。お前、凄《すご》く良い奴《やつ》だよ。魔力波《オーラ》で分かるんだ。改めてこれからも宜しくな」

アドリーヌが顔を上げると、目の前にルウが居た。

黒髪《くろかみ》で黒い瞳の不思議な雰囲気を持った男が右手を差し出している。

アドリーヌもつい自然に右手を差し出してしまう。

ルウの言葉にも、アドリーヌを見詰《みつ》める彼の瞳の奥からも一切邪気《いっさいじゃき》が感じられなかった事もある。

そして……ルウと握手《あくしゅ》をした瞬間にアドリーヌは奇妙な感覚に見舞《みま》われたのだ。

温かい！　そしてどこか懐《なつ》かしいような、悲しいような不思議な情感……

アドリーヌは自分でも気付かないうちに、ルウへ微笑みかけていたのである。

# 第14話「嫉妬」

「コレット先生……いいかげんにルウの、いいえ……ブランデル先生の手を離《はな》して頂けるかしら」

フランの冷たい声が響き、アドリーヌはハッとする。

辺りに冷え冷えした空気が流れていたのだ。そして強い視線を感じる。

恐《おそ》る恐る顔を上げると、氷のような視線でアドリーヌを見据《みす》えるフランの顔があった。

「ひっ！」

アドリーヌは驚《おどろ》きのあまり思わずルウの手を離し、ぺたんと床《ゆか》へ座り込んでしまった。

だがルウは「駄目駄目《だめだめ》」と、フランに対して諭《さと》すように首を横に振る。

そして座り込んだアドリーヌに手を差《さ》し伸《の》べてしっかり掴《つか》むと、優しく立たせてやったのである。

「御免《ごめん》……なさい」

怯《おび》えたアドリーヌの様子を見たフランは、ルウへ小さく呟いた。

いつもは真面目《まじめ》で大人しいフランが珍しく見せた激しさである。

愛娘《まなむすめ》の意外な姿を見てアデライドが苦笑していた。

「フラン、お前が謝《あやま》るのは俺じゃないぜ」

首を横に振るルウの表情は相変わらず穏《おだ》やかだ。

「うん……そうよね。御免なさい、コレット先生」

フランはアドリーヌの方に向き直ると素直に謝った。

ルウも一緒にアドリーヌへ、ぺこりと頭を下げる。

「フランも謝っているし、許してやってくれよ。お前と一緒で根は良い奴なんだぞ」

ルウの言葉を聞いたアドリーヌは、またもや混乱してしまう。

「そ、そんな！　フランシスカ校長を許す許さないなんて！　何も私は⁉」

「いいえ、私が悪かったわ。またゆっくりとお話ししましょう、今後とも宜しくね」

漸《ようや》くクールダウンして、にっこり微笑むフラン。

混乱していたアドリーヌも、フランの笑顔を見てやっと落ち着きを取《と》り戻す。しかしアドリーヌは突然起こったフランの変貌《へんぼう》振《ぶ》りに、複雑な表情を浮かべていたのである。

そのまま仕事に入ったアドリーヌを残して３人は職員室を出た。

「アールヴの教頭を紹介する」とアデライドが言うので教頭室の前へ来たのだ。

魔法女子学園の教師陣《きょうしじん》には教頭を務めるアールヴ族の女性教師が居るのである。

アデライドがドアを軽くノックした。

だが部屋の中から返事は無い。

本日は出勤予定の筈《はず》だが、まだ来ていないようである。

アデライドが教頭の顔を思《おも》い浮かべたらしく、僅かに肩を竦《すく》める。

「とても良い人なんだけれど、何かにつけて拘《こだわ》りすぎるのが玉に瑕《きず》なのよね」

「そう……彼女は、いつも気難しい顔をしているし、とっつきにくいのよ」

アデライドに同意して愚痴《ぐち》るフラン。

しかし愛娘の言葉を聞いたアデライドが思わず吹《ふ》き出《だ》した。

「ぷっ！　貴女も人の事を言えないわよ」

アデライドは、生徒達から陰でフランがどのような渾名《あだな》で呼ばれているか知ってはいたが、さすがにこの場では言えなかった。

「そんなぁ！　お母様ったら！」

気難しいアールヴと一緒にされたフランは、不満そうに口を尖《とが》らせる。

とても心外！　という表情だ。

「ふふ、まあ、良いわ。次は3階へ行きましょうか」

アデライドに反論をスルーされたフランは、秋の栗鼠《りす》のように両頬を膨らませていた。

次に来た3階のフロアは生徒達の教室だ。

2年生、3年生の教室があり、学年ごとに各3つずつ計6部屋となっている。

そして2階は1年生の教室が3つと学年ごとのロッカールームが3つ、そして生徒会室という間取りであった。

教室には木製の重厚な雰囲気の教壇《きょうだん》があり、その対面にやはり木製の横長な椅子付きの机がいくつも並べられていた。

ヴァレンタイン王国の一般的《いっぱんてき》な学校はもっと簡素な教壇に教師が立ち、机も椅子もない床に生徒達がじかに座り込んで授業を聞くような、至って牧歌的な雰囲気だという。

それに比べれば魔法女子学園は政治家達が国の政《まつりごと》を行うような趣《おもむ》きがあり、ルウは素直に感心する。

「う～ん。やっぱり王都は、すげぇや！」

「でも王都にはこれ以上の建物はたくさんあるのよ」

アデライドは一応謙遜《けんそん》したが、学校の中では群を抜《ぬ》いているという自負は密《ひそ》かに持っていた。

校舎内の主な場所を見終わった3人は再び、理事長室に戻《もど》って来た。

アデライドは紅茶を淹《い》れ、茶菓子《ちゃがし》を用意する。

「ルウ、悪いけどフランとふたりきりで話をしたいの。お茶でも飲んで少し待っていてくれる」

「ああ、良いぞ」

ルウが素直に頷いたので、アデライドとフランは左奥の扉から研究室へと消えて行く。

部屋へ入り、アデライドは扉をしっかり閉めてから、真剣《しんけん》な眼差《まなざ》しでフランを見詰める。

「フラン、いいえ、フランシスカ！」

「い、いきなり、ど、どうしたの？　お母様」

愛称《あいしょう》ではなく、名前で呼ぶアデライドの表情は先程とは全く違《ちが》っていた。

いつになく真面目な表情の母を見て、フランは直感的に大事な話だと判断したのである。

「フラン、ルウを何故、臨時の教師として雇《やと》ったのか分かる？」

「ええっと、1年経《た》てば、見習い期間が終わって正式な教師として学園に迎《むか》え入《い》れられるからでしょう！　ルウが教師として経験と実績を積めるからよね」

ルウの魔法《まほう》の実力は素晴《すば》らしいとしても、学園にはしっかりとした雇用《こよう》規則があった。

フランの回答は至極《しごく》真っ当だといえる。

しかしアデライドは首を大きく横に振った。

全くの不正解という意思表示である。

「ええっ⁉　ち、違うの？」

「あのね、ルウがどうしてアールヴの国を出て来たか、貴女も根掘《ねほ》り葉掘《はほ》り聞いていたでしょう？」

今のフランはルウに対してひとめぼれに近い状態なのだろう。

好きだという気持ちが先走って、全く頭が働いていないのである。

それ故《ゆえ》、アデライドはフランへ、ルウが旅に出た理由を思い出すようにと告げたのだ。

母のアドバイスに従ったフランは校舎を見学する間に、改めてルウから身の上や事情を聞き出していたのである。

「……ええと確か、広い世界を見たいと思って旅に出たって」

フランは声を潜《ひそ》めて答えるが、何かを思いついたのだろう、母に対して猛烈《もうれつ》に反論する。

「でも、お母様。この国が……ヴァレンタイン王国の王都セントヘレナがその第一歩だったら……もっと良いと思うんだけど……あっ！」

喋《しゃべ》り続けていたフランはいきなり寡黙《かもく》になってしまった。

多分、ルウの意図や希望に気が付いたに違いない。

「さすがに気付いたようね。ルウを私達の都合で縛《しば》りすぎてはいけないわ。1年経《た》って、彼《かれ》がまた旅に出たいと言ったら快く送り出してあげましょう」

「………」

フランは返事をしなかった……いや出来なかった。

ルウに制約をかけない為《ため》に臨時の教師とする。

それは、いずれルウとは別れなければならないという意味だからだ。

「ルウは肝心な事を貴女に伝えていないから」

アデライドは呟くと、フランをじっと見詰める。

「え？　肝心な事？」

フランは驚いた顔をして思わず母の方へ身を乗り出した。

そんな愛娘を見てアデライドは穏やかな慈《いつく》しみを籠《こ》めた表情になる。

「ルウが王都に残る理由はね。フラン……貴女を見捨てられないし、教師になるって約束したからって言ったのよ」

「………」

「ルウはとても律儀《りちぎ》な人だと思う」

アデライドはきっぱりと言う。

フランも同じ気持ちだった、だから大きく頷いた。

当然よ！　ルウは裏表が全く無くて、本当に誠実なんだもの。

嬉《うれ》しそうになったり、悲しそうになったりフランの表情がめまぐるしく変わる。

「フラン……ルウはね、自分が魔法使《まほうつか》いとしてどんなに抜きん出《で》た存在か、自覚してはいないの……困ったものよね」

アデライドは愚痴るが、言葉とは裏腹にとても嬉しそうでもある。

無論、フランも全く異存はない。

「うん！　凄いのよ、ルウは」

「だから、フラン。私には分かるのよ、育ての親であるソウェルの口癖《くちぐせ》からね」

母の言葉を聞いたフランは、ルウが苦笑いして懐かしそうに話すのを思い出したのだ。

そう、ルウが言っていた……「お前はまだまださ」と言われていたと。

「ルウのお師匠《ししょう》さん……アールヴのソウェルが完璧主義者なのは勿論《もちろん》だろうけど……」

そう言ってアデライドはくすりと笑った。

気難しく頑固《がんこ》そうなアールヴの老人を想像したのだろう。

「その人……ルウに凄く期待していたんだと思う。だから慢心《まんしん》させない為にそう言っていたんだなあって」

そうか！　そうなんだ！

フランも気付いてハッとした。

ルウの師匠であるアールヴのソウェルは、ルウに自分を超えて欲《ほ》しかったんだ。

類稀《たぐいまれ》なる才能を持つあの青年に……

その時、フランの脳裏《のうり》にもいままでに会った事もないアールヴの老人の面影が浮かんだのである。しかしアデライドの表情がここで突然《とつぜん》変わった。

今迄の真面目な表情が、一転して厳しいものになったのである。

「フラン、良いかしら？　ここからが本題よ。今迄の話はルウを思いやっての一般論《いっぱんろん》に過ぎない。つまり常識的な話って事……これからは貴女自身の話になるわ！」

目を丸くして驚く愛娘に向かい、アデライドは厳しい表情で告げたのであった。

# 第15話「決意」

「フラン……貴女《あなた》はルウに対する自分の、今の気持ちが一体何なのか分かる？」

アデライドが厳しい視線で、真っ直《まっす》ぐにフランを見詰めていた。

フランは慌《あわ》てて自問自答する。

い、今の私の気持ちって？　い、一体……な、何だろう？

私はルウが気になる、ルウが居ないと困る、ルウがこの街から、いいえ、自分の前から、もし居なくなったら……嫌《いや》！　絶対嫌だ！　ルウが私の前に居ないなんて！

フランにとって想像しただけで、とてつもない喪失感《そうしつかん》をもたらす事に間違《まちが》いは無かった。

……ルウは今、私にとって一番大事な人だ。

何故《なぜ》、いきなりそんな気持ちになったのかは分からないけど……

「でもね、貴女の気持ちって、本当にルウの事を好きとか愛しているという感情かしら？」

考え込んでいるフランに対してアデライドが問《と》い掛ける。

だがフランはすぐに返事をする事が出来なかった。

フラン自身今の自分の気持ちに自信を持てないのかもしれない。

そんなフランへ、アデライドの追《お》い討《う》ちがかかる。

「貴女はもしかして、ラインハルトを失った喪失感をルウで埋《う》めようとしているだけではないの？」

母の口から出た懐かしい名前……

しかしそれは懐かしさと共に辛《つら》く悲しい記《き》憶《おく》も伴《ともな》うものだ。

フランはつい頭を抱《かか》え込んでしまう。

分からない……どうして私は？　ああっ⁉　そうだ！　多分、そうだ。

考え抜いたフランには思い当たる節があった。

それは……

「お母様、私がルウを好きになったのって……彼の口癖がきっかけだと……思います」

「口癖？」

アデライドは聞き返してハッとなった。

確かにルウの「任せろ」という口癖は、今は亡きフランの婚約者《こんやくしゃ》ラインハルトもよく口にしていたものだ。

「成《な》る程《ほど》ねぇ……口癖か」

アデライドは暫《しば》し考え込んだ後、フランにきっぱりと言い放つ。

「ルウは多分、貴女を愛してなんかいないわ、情を感じているだけよ」

母が告げる残酷《ざんこく》な現実……しかし決して愛娘を徒《いたずら》に傷つける為の言葉ではないだろう。

「情は愛とはまた違うものだから……だけどラインハルトの身代わりにルウを求めているかもしれない貴女も同じね」

フランはそれを聞いて黙《だま》ってしまう。

ルウは決してラインハルトの身代わりなどではない。

しかし完全に否定出来ない自分の不安な気持ちがある。

ルウの事がこんなに好き！

いてもたってもいられないほど好き！

ここまで狂《くる》おしい自分の感情の正体が一体何なのか？

しかしフランがルウに対して特別な感情を持ったのは事実だ。

アデライドは悩《なや》める愛娘の肩をぽんと軽く叩く。

「好きという感情は理屈《りくつ》じゃない。考えて考え抜いてもルウに対する気持ちが変わらなかったら、自分の気持ちに素直になるのよ」

「素直に……」

アデライドの言葉にフランは大きく目を見開いた。

素直に……もし理屈じゃ割り切れない場合は……自分の気持ちに素直になる！

そうだ！　私は何も考えずに素直になれば良いんだ！

ルウが大好きだって！

フランは悟《さと》ったように大きく頷《うなず》いた。

母の言葉により、今迄《いままで》閉じられていた窓が大きく開け放たれ、眩《まぶ》しい光が一気に差し込んだような気持ちになったのである。

花が咲《さ》いたように笑うフランを見て、アデライドも安心したようだ。

「決定的に違う事実があるわ。ラインハルトを貴女の婚約者に決めたのは私。だけどルウは貴女が自分で巡《めぐ》り合《あ》った人ですからね」

それにね……とアデライドはフランの目を見据える。

「ラインハルトが亡くなった頃《ころ》の貴女はまだまだ子供だった……だけど今の貴女はひとつの恋《こい》を失い、苦しさを乗《の》り越《こ》えた大人の女でしょう。ラインハルトは二度と帰って来ないし、ルウはラインハルトとは違うわ。そんなにルウを好きなら理屈《りくつぬ》抜きで好きと言うのよ」

「でも……さっきは……」

アデライドの言う事が最初の話と全く違うので、フランは混乱して口篭った。

ルウの事を考えてあげるのなら、彼を縛らず旅に送り出してあげるのも愛情だと。

フランは母の言葉に納得《なっとく》してそんな事も考えていたのだ。

「ふふふ、この母の話が矛盾《むじゅん》だらけで揺《ゆ》れているんでしょう。先に私が話したのはルウの事情だけを考えての事。今、話しているのは先輩《せんぱい》の女として女の都合だけで言っている事。何もしないで全《すべ》てを失った時に、恋する女として絶対に後悔《こうかい》しない為にね」

恋する女として絶対に後悔しない為……

アデライドは恋する女の『先輩』としてヒントをくれたのである。

「相手の事を思いやって控《ひか》えるか、女としてとことん繋《つな》ぎとめるか、どちらも正しいし、それを最後に選択《せんたく》するのはフラン、貴女なのよ」

「選択するのは私……」

「そう！　フランが決めるのよ！　貴女がルウとどうなりたいか？　それをしっかり考えた上で行動しなさいって事。ルウを愛し愛されたい、ルウといつも一緒《いっしょ》に居たい。ルウと絶対に離れたくない、女としてそう考えたら、答えはひとつだけ」

「答えは……ひとつだけ」

「そうよ、愛なんて相手に振《ふ》り向《む》いて貰《もら》う為に一方的に与える場合もあるし、決して綺麗《きれい》事《ごと》ばかりじゃないわ」

「綺麗事ばかりじゃない……」

「ええ！　お芝居《しばい》じゃあるまいし、出会った時から相手と相思相愛なんて都合良い事は殆《ほとん》ど無いものよ。そんな時はどうするのか？」

その時は？　その先の言葉がフランの一番知りたい部分であった。

熱く語るアデライドは女の情念を前面に出しているのである。

「どんな手を使っても振り向かせるの。貴女がルウを失わない為に。全力を尽《つ》くすのよ」

全力を……尽くす……私がルウを失わない為に……

そうだ！　私はルウを失いたくない！　これは理屈じゃあないんだ！

しかしフランの心に不安が過《よぎ》る。

その気持ちを見透《みす》かしたようにアデライドは言う。

「それでも、もし駄目《だめ》だったら……」

駄目だったら……何？

フランは恐る恐る母の顔を窺《うかが》った。

「涙《なみだ》を拭《ふ》いて相手をきっぱりあきらめるの！　そして次の恋に進みなさい！」

恋とは……上手《うま》く行かなければこれほど残酷なものは他にない。

アデライドの厳しい言葉を噛《か》み締《し》めながら、フランは辛そうな表情でそう考えていた。

母娘の話は……終わったようである。

アデライドとフラン、ふたりが扉に近付く気配がする……そして扉が開いた。

「ルウ、お待たせしたわね」

「御免ね、ルウ」

ふたりきりで何を話していたのだろうか？

ルウがそう思ったのも当然であった。

部屋に入って話す前とは、フランの様子が一変していたのだ。

ルウを見詰める眼差しは今迄よりずっと熱く真剣だったのである。

アデライドが口を開く。

これから話し合うのは、フラン襲撃事件の事情聴取《ちょうしゅ》に関しての打合せである。

午後2時に屋敷《やしき》へ来訪する王都騎士《きし》隊隊長の取調べの際に、必ず求められるであろうルウに関しての説明内容を摺《す》り合わせしておきたいという。

「ああ、良いぞ。事件説明の内容共有と俺の身元の件だな」

「さすがルウね、察しが良いわ。お互《たが》いの証言に食《く》い違いがあるとまずいし、身元は、そう……この王都セントヘレナは外部の人間を街に入れるチェックは厳しいのよ」

「俺は何をすれば良い？」

ルウはいつもの通り穏やかな表情である。

「貴方《あなた》の身分は……フランの従者という事にしたいの、良いかしら？」

「ああ、任せろ。そうすれば何事も上手く行くのだろう？」

貴族の下僕《げぼく》である従者になって欲しいと言われても、ルウの表情は変わらない。

誇《ほこ》り高《たか》い男なら、それを命の恩人に頼《たの》むなど侮辱《ぶじょく》と受け取って即座《そくざ》に却下《きゃっか》する筈である。

「万が一、フランに何かあったら俺がすぐ守れるしな。とても良いと思うぞ」

ルウの言葉を聞いたフランが思わず顔を背《そむ》けた。

感極《かんきわ》まって嬉し涙が出たのをルウに見られたくなかったようだ。

アデライドもルウの気持ちが嬉しいようである。

にっこり微笑《ほほえ》むと、大きく頷いた。

「そうね、そうすれば学校においても臨時教師で、護衛を兼ねたフラン直属の部下という事でいけると思うの。他の教師からは煙《けむ》たがられるかもしれないけど」

「分かった、俺は全然構わないよ」

ルウをフランの従者にするというのは突発的《とっぱってき》な話である。

時間は少し遡《さかのぼ》るが……実は先程、母娘で話した際、既に約束が為《な》されていたのだ。

「フラン、私は貴女の母親よ。だから貴女が幸せを掴む為、全面的にバックアップする」

フランは、母として娘の幸福を願うアデライドの親心が嬉しかった。

だが続いてこの母から出た言葉に、娘であるフランは驚かされたのである。

「だからルウを貴女の従者にするわ、来年の3月迄という限られた時間の中で貴女にいっぱい機会《チャンス》を作ってあげる」

急な母からの提案にフランは驚く、ルウを従者にするなんて予想もしていなかったから。

「ええっ⁉　じ、従者なんて下僕じゃない？　ルウに対してとても失礼ではないかしら」

唖然《あぜん》とするフランにアデライドは言ったのである。

「よく考えてごらんなさい。ルウは絶対に断らないわ」

「そうかしら……」

「大丈夫《だいじょうぶ》、保証するわ！　ルウはおっとりしているようでいて結構鋭《するど》い人だから、私の意図は見抜《みぬ》く筈よ。実際、貴女を守りたくて仕方が無いのだから」

「えええっ⁉　ル、ルウが⁉　わ、わ、私を守りたい？　それって⁉」

フランの表情が喜びに満ちた。

しかしアデライドは手綱《たづな》を引《ひ》き締めにかかる。

油断は禁物だと愛娘に言い聞かせたのである。

「駄目よ、気を抜かないで！　さっきも言ったけど、ルウの優《やさ》しさは多分情よ、愛じゃない。貴女の事もよく分かっていないし、貴女も今は直感的にルウの事が好きなだけ」

だから……そう言ってアデライドは目を閉じた。

「ルウともっと話し、一緒に行動しなさい。それで貴女をもっとよく知って貰いなさい。ルウに愛されるような素敵《すてき》な女性としてね。当然、ルウの事も貴女は良く知る努力をしなければならない。お互いに理解して分かり合うことが大事なの」

「は、はいっ！　お互いに分かり合うのが大事なのね」

今、アデライドはひとりの教師であった。フランという生徒に対して、重要な男女の機《き》微《び》を一生懸命《いっしょうけんめい》教える教師に他《ほか》ならなかったのだ。

「ところでルウは貴女の事を何か褒《ほ》めてくれたの？　例えば可愛《かわい》いとか？」

アデライドは悪戯っぽく娘に聞く。

ずばりと聞かれたフランは、思わずルウの言葉を思い出す。

照れたルウが言ってくれた、絶対に忘れられない、とても嬉しい言葉を。

「……良い香《かお》りがして……可愛くて美人だって……言われた」

そう言うとフランは真っ赤になって俯《うつむ》いてしまう。

「あらあら」

アデライドはフランをそっと抱《だ》き締めた。

「だったら、大丈夫よ。少なくとも貴女の事は魅力的《みりょくてき》な女性として見てはいるから」

俯いていたフランは顔を上げ、アデライドを見ると恥ずかしそうに微笑んだ。

アデライドはフランに対してもうひとつ大事な助言があると言う。

「ルウの魔法使いとしての才能は素晴らしいから、貴女は同じ魔法使いとして、お互いに切磋《せっさ》琢磨《たくま》するのよ」

「切磋琢磨？」

「そうよ！　新たな魔法を学ぶ事はお互いにプラスになるし、学園に居る時はそれが本来の趣旨《しゅし》ですからね。私もルウからは大いに学びたいのよ」

笑顔《えがお》のアデライドは意気盛んだ。

年齢、立場は関係なくひとりの魔法使いとして、研究者として、魔法への情熱が全然衰《おとろ》えないとフランは感心する。

「それがひいては生徒の為、学園の為になる筈。貴女はそんな事も考える立場なのですよ」

最後は、校長代理としての立場も考えて欲しいという言葉も加えられて、アデライドの

『恋愛指南』は終了《しゅうりょう》した。
この瞬間《しゅんかん》、フランはアデライドが母でよかったと心の底から思ったのである。
「分かったわ、お母様。いいえ、理事長。私、いろいろな意味で頑張《がんば》ります」
——そして今、ルウの前に居るフラン。
ルウが見たそんなフランの変貌《へんぼう》は彼女《かのじょ》の決意の表れであったのだ。
フランは、今、凄く良い魔力波《オーラ》を出している……
爽《さわ》やかな笑顔のフランを、ルウはそっと見守っていたのであった。

# 第16話「再会」

午後2時に来訪するキャルヴィン・ライアン伯爵《はくしゃく》は王都騎士隊を隊長として統括《とうかつ》する責任者だ。今回のフランのロドニア王国研修の際、護衛に付けられて戦死した騎士達《きしたち》5名の上官である。

「屋敷で話すよりも、今ここでライアン伯爵へどう対応するか打合せしておきましょう」

フランが襲《おそ》われた状況や騎士達が死亡した様子を聞かれるのに対し、予《あらかじ》め答えを用意しておこうという提案である。

ルウとフランが同意して頷くと、アデライドも話を続ける。

「ルウ、聞いて。ライアン伯爵は私の幼馴染《おさななじみ》なの。亡《な》き夫のかつての部下でもあり、親友でもあったわ。ちなみに伯爵の夫人は学園の主任であるシンディ・ライアン先生よ」

どうやらドゥメール伯爵家《はくしゃくけ》とライアン伯爵家は家族ぐるみで付き合っているらしい。

「今は亡き夫の親友という立場から私の事をあれこれと気に掛けてくれているの。娘《むすめ》のフランの事も同様にね。私が魔《ま》法馬鹿《ほうばか》と言われて世間の事に疎《うと》いと心配してくれているのよ」

アデライドは苦笑《くしょう》して眉間《みけん》に皺《しわ》を寄せた。

だがライアン伯爵に対する信頼《しんらい》は揺《ゆ》るぎ無いようだ。

「彼は口も堅《かた》いし、義理堅《ぎりがた》くて信じられる人だから、今回の件は素直に報告しようと思うの。部下の騎士達も亡くなっているし……」

フラン達《たち》一行がヴァレンタイン王国への帰路、いきなり異形の大群に襲われた事。

5名の騎士達は全力で戦ったが衆寡《しゅうか》敵せず全滅《ぜんめつ》した事。

命を懸《か》けた騎士達の奮戦でフランはなんとか逃《に》げられたものの、残りの敵に追い詰《つ》められ、危《あや》うく殺されそうになった所をルウが助けた事。

ルウがフランをしっかりと守り、この王都へ送って来た事。

今後の安全も考えて、ルウをフランの従者にする事。

「しっかり説明すれば信じて納得してくれるとは思う、実際全《すべ》て真実だしね」

アデライドはルウ達ふたりだけではなく、自分に言い聞かせるように呟《つぶや》くと「ふう」と溜息《ためいき》を吐《は》いた。

問題はルウの凄《すさ》まじい能力をどこまで明かすか、また出自をどのように説明するかの2点である。

「ある程度までは話すけど、ルウの能力は全て明かさないで良いと思うの」

アデライドは信頼に足るライアン伯爵とはいえ、ルウの全てを話さない事に決めたのだ。

但《ただ》しルウの行使した魔法については、ある程度話さないといけないとは考えていた。

騎士達を惨殺《ざんさつ》した難敵を、何故ルウがあっさりと倒《たお》す事が出来たのかと聞かれるだろう。

それに、フランの従者になる事をルウに命じて、この魔法女子学園の教師に採用する事の説明もつかない。

いずれも何か理由を考え、言葉も選んでライアン伯爵へ伝える必要がある。

「問題解決にはルウの出自も関係しそうだけど……どのように説明しようかしら」

アデライドがどのようにルウの話をしようか、思い悩んでいた時であった。

とんとんとんと、ドアがリズミカルにノックされたのである。

アデライドとフランにはノックの仕方に覚えがあった。

「このノックは……教頭ね」

フランが呟いて大袈裟《おおげさ》に肩《かた》を竦めた。この反応だけで相手の教頭に対して、フランがどのような印象を持っているか分かるというものだ。

とんとんとん！　またノックが響《ひび》く。

「おはようございます！　エイルトヴァーラです、理事長。お見えになっていると聞きましたが」

やはりノックの主はアールヴの教頭だった。

先程《さきほど》は不在だったが、少し遅《おく》れて出勤して来たのであろう。

「どうするの？」という顔でフランがアデライドを見る。

アデライドは、タイミングが悪いというように思わず苦笑した。

「取り込み中だけど、仕方が無いわね」

アデライドは呟いて、フランにドアを開けるように命じた。

フランが仕方なく扉《とびら》を開ける。

扉の外にはフランと同じくらいの身長だが、体躯《たいく》はだいぶ華奢《きやしや》な女がひとり立っていた。

人間離《ばな》れした整った顔立ちに尖った耳からも分かる通り、典型的なアールヴ女性である。

「あら、校長代理もご一緒だったのですね？　これは失礼致《いた》しました」

エイルトヴァーラと名乗った教頭は丁寧《ていねい》すぎるくらいの口調で物言いをした。

フランの眉間に皺が寄る。

言い方が一々《いちいち》、凄《すご》く嫌味《いやみ》ったらしく癪《しやく》に障《さわ》るのだ。

だがエイルトヴァーラは、フランの表情などさして気にせずに、すぐ視線を移す。

フランの後ろにアデライドが居たからだ。

しかし、アデライドの傍《かたわ》らに佇《たたず》んでいる見慣れない長身の男は……？

エイルトヴァーラは男が誰《だれ》なのか気になったらしく、じっと凝視《ぎょうし》した。

輝《かがや》くような美しい金髪《きんぱつ》が揺れ、整った顔立ちの中に煌《きらめ》くアールヴ特有の菫色《すみれいろ》の瞳《ひとみ》が訝《いぶか》しげにルウへ向けられた。

「何だ！　ケリーじゃないか？　おっす！」

エイルトヴァーラが言葉を発する前に、ルウがざっくばらんな挨拶《あいさつ》をしてしまう。

「はぁっ!?　あんた!?　まさか、ルウ？」

ルウに向かって発せられたエイルトヴァーラの言葉も、普段《ふだん》の慇懃《いんぎん》で気難しそうな彼女を知る者にとっては全くかけ離《はな》れたものであった。

ええっ!?　ふ、ふたりは知り合い？

フランは驚《おどろ》きを隠《かく》せなかった。

ルウはアールヴの国イエーラにある里に居たから、一見、不自然なことではない。

しかしアールヴ族の総人口は軽く百万を超《こ》え、国にある里も数百にものぼる筈だ。

普通《ふつう》に考えれば、知り合いである可能性の方が低い。

可能性があるとしたら……

「教えてちょうだい、ルウ。何故あなた方は知り合いなの？」

当然ながら、フランが考えているのと同じ質問をアデライドがルウに投《な》げ掛《か》けていた。

ルウは微笑みながら、フラン達の疑問に対してあっさりと答える。

「ははっ、簡単さ。ケリーは爺《じい》ちゃんの、つまり先代のソウェルで俺《おれ》の育ての親でもあった、シュルヴェステル・エイルトヴァーラの一族だからさ」

「ええっ!? 本当なの、エイルトヴァーラ教頭？ 貴女ったら面接の時には何も言っていなかったわね」

まさか、エイルトヴァーラがアールヴの長《おさ》であるソウェルの一族とは……

素性《すじょう》を知らされていなかったアデライドの表情は渋《しぶ》くなる。

「今迄、聞かれませんでしたから……」

不貞腐《ふてくさ》れたように返事をするエイルトヴァーラは、ルウの視線を避《さ》けるように顔を背《そむ》けた。

アデライドは大袈裟に肩を竦めると、エイルトヴァーラに質問を続ける。

「まあ、良いですよ。今更《いまさら》そんな事は。それより貴女はルウと、どういう関係？」

すかさず返したエイルトヴァーラの返事にルウの声が重なる。

「無関係「一緒に修行《しゅぎょう》した時もあるぞ」です！」

「ふふふ、という事はあね弟子《でし》って事ね」

ルウのコメントにアデライドが突っ込むと、即座にエイルトヴァーラが否定する。

「理事長、違いますよ！　ただ一緒に修行しただけです」

「ケリー、5年前に急に里から居なくなったから皆《みな》、心配したんだぞ。どうしたんだ？」

柳眉《りゅうび》を逆立てるエイルトヴァーラを、ルウは心配そうに見詰《みつ》める。

しかしエイルトヴァーラは不貞腐れたようにそっぽを向いて答えない。

何故エイルトヴァーラ教頭はルウを他人扱《あつか》いするのだろう。

ルウには教頭に対する敵意は感じられないし……

フランは不思議でならなかった。

ルウが問い質《ただ》しても、エイルトヴァーラはアールヴの里を出た理由を答えなかった。

この様子だとやはり何か特別な理由《わけ》があるようだとフランは感じていた。

ルウが言うには、エイルトヴァーラは5年前にアールヴの里を突然飛び出したらしい。

エイルトヴァーラが自分の国を出た理由をフランは聞いてはいない。

だが、5年前以降の経歴については自分も母アデライドから聞いて知っている。

ケルトゥリ・エイルトヴァーラは約5年前にヴァレンタイン王国第二の都市バートランドに現れるとすぐに冒険者《ぼうけんしゃ》ギルド所属の一流冒険者になり、市民権を得た。

そして翌年、ヴァレンタイン魔法大学への特待生試験を受けて見事に合格したのである。

エイルトヴァーラは魔法大学在学中に並外れた才能を発揮し、4年の修業年限《しゅぎょう》を1年半で修了してしまう。

ヴァレンタイン魔法大学にアールヴの超才媛《ちょうさいえん》ありという、エイルトヴァーラの噂《うわさ》を聞いて大学を訪《おとず》れたアデライドから魔法女子学園の教師にと誘《さそ》われたのであった。

ひとりの教師として学園に入ったエイルトヴァーラはめきめきと頭角を現し、その類稀なる才能により、たった2年間で学園の教頭にまでのぼりつめていたのだ。

「あなた達、何か事情があるらしいけど……うふ、丁度良かったわ」

アデライドは何か思いついたらしく、怪《あや》しく悪戯っぽい笑《え》みを浮《う》かべていた。

エイルトヴァーラは勿論、フランもアデライドの真意を測りかねている。

「丁度良いって、どういう意味です？　理事長」

エイルトヴァーラはアデライドの真意が分からず、怪訝《けげん》そうな表情になる。

「ちょっとした事情があってね、ルウをフランの従者にするのだけど」

「えええっ⁉　ルウを校長代理の従者に⁉　い、いや！　そ、それが私と……な、何の関係があるのですか⁉」

エイルトヴァーラは平静を装《よそお》うとするが、動揺《どうよう》は隠せない。

ルウとは赤の他人であるような素振《そぶ》りを見せながら、無理をしているのが傍《はた》から見ても分かるのだ。

「まあまあ、そういきり立たないの。貴女はルウの知り合いなのだから」

「ううう……理事長、一体何なのですか⁉　何を仰《おつしや》りたいのですか！」

「うふふ、貴女の紹介《しようかい》と推薦《すいせん》でルウを、フランの従者にしたという形にするのよ」

とうとう話の核心《かくしん》が見えた時、エイルトヴァーラは驚いた。

「えええええっ！　な、な、何故私が！」

「良いじゃない、それくらい。一緒に修行した可愛いおとうと弟子なのだから……それとも私の見込んでいるケルトゥリ・エイルトヴァーラはそんなに器量の小さい女なの？」

「り、理事長！」

アデライドの強い言葉にエイルトヴァーラの声が小さくなって行く。

歯《は》に衣着《きぬき》せぬ物言いと魔法の素晴らしい才能を見込まれ、理事長アデライドの異例ともいえる抜擢《ばつてき》により、アールヴのエイルトヴァーラは魔法女子学園の教頭にまでなった。

恩人ともいえるアデライドから器量の小さい女とまで言われると、エイルトヴァーラも返す言葉が無い。

アデライドもエイルトヴァーラの先程の言動から、彼女がルウを本当に嫌《きら》っていない事をしっかりと見抜いているのだ。

「ふふふ、じゃあ、文句なく了解《りようかい》という事で良いわね？」

「うう、わ、分かりました」

ケルトゥリが了解し、アデライドはにっこりと笑う。

「うふふ、ありがとう！　御礼《おれい》に今後は親しみを込めてファーストネームで呼ぶわよ、ケルトゥリ」

いつもは口達者《くちだつしゃ》なケルトゥリもさすがにアデライドには敵《かな》わなかった。

追い詰められてとどめを刺《さ》され、がっくりと顔を伏《ふ》せてしまったのである。

## 第三章　新しい生活

### 第17話「騎士隊隊長」

学園での打合せは教頭のケルトゥリが理事長室を去ってからも続けられ、王都騎士隊隊長キャルヴィン・ライアン伯爵に報告する詳細《しょうさい》な内容まで詰められた。

そしてルウ達が馬車で屋敷へ戻《もど》ったのがお昼直前の事である。

最後の打合せを兼《か》ねた軽い昼食を3人が摂《と》ってから、約束の時間は遂《つい》に来た。

キャルヴィン・ライアン伯爵は午後2時の時間ぴったりに部下の騎士3人を伴ってドゥメール伯爵邸《はくしゃくてい》に現れたのである。

キャルヴィンはアデライド、フラン母娘とは旧知の間柄《あいだがら》だ。

フランの今回のロドニアへの魔法学《まほうがく》研修も隊長のキャルヴィン自らが護衛の人選をした。

選《よ》りすぐりの、頼《たよ》りになる部下を同行させせたつもりだった。

それがこともあろうか、衛兵からの報告では部下である騎士5名が全て戦死し、親友アデライドの愛娘フランシスカの危難は正体不明の青年が助けたと言う。

フランシスカの命が助かった事で、殉職《じゅんしょく》した部下達は犬死ににならなかったと胸を撫《な》で下《お》ろしたキャルヴィンではあった。

だが詳細な事件の報告を、被害者《ひがいしゃ》であるフランシスカから受けると共に、謎《なぞ》の青年の素性も是非《ぜひ》知りたいと思っていたのである。

「これはこれはキャルヴィン様、ようこそいらっしゃいました！」

ドゥメール伯爵家の家令ジーモンが数人の使用人と共に出迎《でむか》える。

ジーモンはアデライド母娘と同様にキャルヴィンと付き合いが長い為《ため》、ライアン伯爵など堅苦《かたくる》しくは呼ばず、親しみを籠《こ》めてファーストネームで呼ぶのである。

キャルヴィンはジーモンの表情を見て驚いた。

いつもは厳しい表情をして、黒鋼《くろはがね》と渾名《あだな》された怖《おそ》ろしい巨漢《きょかん》が満面の笑みを浮かべていたからである。

「何だ？　ジーモン。……強面《こわもて》のお前がそのような笑顔を見せるなど珍《めずら》しいな。何か悪い事でも起こる前触《まえぶ》れではないのか？」

「ご冗談《じょうだん》を！　私はいつも通りお役目を果たしております。ただそれだけです」

「う～ん？　そうなのか？」

嘘《うそ》をつけ！　このガチムチ筋肉野郎《やろう》め！

キャルヴィンは鍛《きた》え上《あ》げて逞《たくま》しい自分の身体を棚《たな》に上げて毒づいた。

最近、この気難しい家令をここまで喜ばせる『何か』があったに違《ちが》いない。

もしや報告のあった正体不明の青年が原因だろうか？

そう考えるとキャルヴィンはもっと青年の素性が知りたくなったのである。

ジーモンに案内されたキャルヴィン達は、ドゥメール伯爵邸の応接室へ通された。

「これはこれはようこそ、キャルヴィン。あとは部下の方々で宜《よろ》しいのかしら」

アデライドがキャルヴィンを笑顔で出迎え、ふたりは軽く抱擁《ほうよう》した。

残りの３人の騎士は副隊長シュナル、隊員のカルメル、そしてダンドリューと名乗る。

ライアンと副隊長のシュナルが勧《すす》められた肘掛付き長椅子《ソファ》に座《すわ》り、残る部下の騎士達は護衛も兼ねてその背後に立った。

「アデライド……フランは大丈夫か？　帰還《きかん》を出迎えた衛兵によれば、だいぶやつれていたとの事だが」

キャルヴィンは沈痛《ちんつう》な面持《おもも》ちで問う。

何せ、敵の数が多かったとは言え、騎士隊選りすぐりの屈強《くっきょう》な精鋭《せいえい》があっさりと倒されてしまったのだ。

フランだけでも生き延びる事は大変だったに違いない。

「ええ、亡くなられた５人の方には心からお悔《く》やみを申し上げますわ。当時の状況《じょうきょう》はフラン自身は勿論《もちろん》、今回フランの命を助けて従者として召抱《めしかか》えた者も同席させて報告させます」

「ほう！　その青年を従者にまでしたのかい？」

「はい！」

キャルヴィンは少し驚いた。

アデライドは巷《ちまた》で言われるほど世間知らずでもないし、決して魔法にだけ傾倒《けいとう》している人間ではない。

人をしっかりと見る目はある筈《はず》なのである。

それがこうも簡単に、見ず知らずの男を大事な娘の従者にするとは信じられなかった。

キャルヴィンはアデライドの話を聞いて、ますますその青年に興味がわいて来た。

「フラン、そしてルウ、入りなさい」

「失礼致します！」

フランと一緒に長身痩躯《そうく》の青年が入って来る。

ほう！　これは……いったい？

キャルヴィンは、先程の家令ジーモンの変貌に続いて驚いた。

部屋に入って来たフランは少しやつれていたが、明るい笑顔を向けて来たからだ。

キャルヴィンが特に驚いたのは、婚約者《こんやくしゃ》のラインハルトを失ってからあった暗い影《かげ》がフランから一切《いっさい》消えていた事である。

「いらっしゃいませ、キャルヴィン様、皆々様《みなみなさま》。この度は私の為に申し訳無い事になってしまいました」

フランは深く頭を下げた。

無残に殺された騎士達への丁寧な弔意《ちょうい》が伝わって来る。

キャルヴィンは首をゆっくりと横に振った。

「いやいや、残念な事になってしまったが、騎士とは大事なものを護《まも》る為に生きている。私も含《ふく》めてそのような事が、いつあってもおかしくない職業なのだ。フラン……貴女《あなた》を救えた事で彼等《かれら》も浮かばれるだろう」

キャルヴィンが騎士達５人の死が決して無駄《むだ》ではないと伝えると、フランは少しだけホッとした表情になる。

「そう仰って頂けると少しは気持ちが楽になります」

キャルヴィンがふと見ると、フランの斜《なな》め後方に控える男が居た。

先程、フランと一緒に入って来た男である。

成《な》る程《ほど》、こいつが例の……従者か……

キャルヴィンは職業柄《しょくぎょうがら》、ごく自然に男を観察した。

背丈《せたけ》は結構高いようである、多分１８０㎝を楽に超えているだろう。だが自分やジーモンのように逞しいという雰囲気《ふんいき》ではない。

キャルヴィンは次に青年の顔を見た。

少しウェーヴがかった黒髪《くろかみ》、個性的で彫《ほ》りの深い顔立ち、表情は険が無く穏《おだ》やかである。

ふうむ、ここいらじゃ見かけん顔だな、黒髪なんて遥《はる》か東にあるヤマト皇国の人間か？

それにしても背は高いが見るからに痩身《そうしん》だ、これでは武器も満足に扱えそうもない、こんな奴《やつ》が果たして怖ろしい怪物《かいぶつ》を倒す事が出来たのか？

「さあ、ルウ、自己紹介して」

アデライドがルウを促《うなが》す。

促されたルウは胸に片手を付け、片膝《かたひざ》を床《ゆか》につけて跪《ひざまず》くと、キャルヴィン達に挨拶した。

「これはこれはライアン伯爵様に王国騎士隊の方々。私はこの度フランシスカ様の従者に取り立てられましたルウ・ブランデルと申します」

ルウは、切れ長の眼《め》に輝く黒い瞳で真《ま》っ直《す》ぐにキャルヴィンを見詰める。

神秘的ともいえる漆黒《しっこく》の瞳を見詰めたライアンは、自分の魂《たましい》がそのままルウに吸い込まれるような錯覚《さっかく》を覚えた。

ぼうっとしたキャルヴィンが気になったのか、アデライドが声をかける。

「どうしたの？　キャルヴィン」

「だ、大丈夫《だいじょうぶ》だ。それより事件のあらましについて順を追って話して貰えないか、フラン」

キャルヴィンの言葉を受けて、フランはぽつりぽつりと話し始めた。

ロドニアへの研修の帰り、ヴァレンタインに帰国する道中に急襲《きゅうしゅう》された事。

敵の身長は1ｍを少し超えた程度で、容姿は人間と言うよりゴブリンに似た魔法を使う怪物が大群で襲って来た事。

護衛の騎士5人はフランを必死に守るも力及《およ》ばず、全て殺されてしまった事。

敵の数が多すぎて、魔力が尽きて逃げている所をルウに魔法で助けられた事。

襲撃《しゅうげき》現場に戻って遺体を弔《とむら》い、鎧《よろい》や剣《けん》などの遺品を回収した事。

ルウに、王都セントヘレナまで無事に送ってもらった事。

落ち着いた表情で語るフランは、だいぶ事件のショックから立ち直ったようではある。

「成《な》る程《ほど》、事件のあらましは大体分かりました」

フランから経緯《けいい》を聞き終わったキャルヴィンは納得したように頷《うなず》いた。

しかし一瞬《いっしゅん》の間を置いて、訝《いぶか》しげな表情で尋《たず》ねたのである。

「あとは、そのルウに関してですね」

キャルヴィンの表情は生真面目《きまじめ》であった、まるでそれが本題だと言わんばかりに。

ここでアデライドが口を挟《はさ》む。

「ルウは人間族の孤児《こじ》でアールヴの里出身の魔法使《まほうつか》いです」

キャルヴィンを見据《みす》えるアデライドからは、ルウの身元をしっかり伝えたいという意思がはっきりと分かる。

「ほう！　人間なのにアールヴの里出身の魔法使いなのか」

「ええ、ルウは優《すぐ》れた魔法使いです。火属性魔法、回復系、葬送魔法《そうそうまほう》など使える魔法は多種多彩《たさい》ですわ。あとで分かった事ですが、ウチの学園の教頭であるケルトゥリ・エイルトヴァーラのおとうと弟子だったのですよ。彼女もルウなら大丈夫と言ってくれました」

「ほう！　あの才媛《さいえん》のアールヴの？」

キャルヴィンは納得《なっとく》して頷いた。

ケルトゥリは、一流冒険者として、魔法女子学園の上級教師として、もはやヴァレンタイン王国では有名な存在である。

元々アールヴであるケルトゥリを、魔法女子学園の教頭にまで引き立てたのはアデライドなのだ。

今やケルトゥリはアデライドの信頼に足る忠実な部下である。そして、今回の事件でその身内ともいえるルウが大事な愛娘《まなむすめ》の命を助けた。

だからアデライドとしても、ルウを信用するに足りると。

理屈《りくつ》としては合っているし、ケルトゥリから保証されたなら出自もはっきりしている。

魔法の実力も含めて、丁度良い娘の護衛役が見付かったと言いたいのであろう。

「ルウの魔法の実力は確かです。ケルトゥリの強い推薦もあって現在人手《ひとで》が足りない学園の臨時教師に採用すると共に、物騒《ぶっそう》ですから護衛役も兼ねてフランの従者に取り立てる事も決めましたの」

アデライドの言葉を聞いたフランが、ぎこちなく微笑んでいる。

実は、ケルトゥリの苦虫を噛み潰《つぶ》したような顔を思い出して必死に笑いをこらえていたのだが、決してそうは言えなかった。

「今後とも宜しくお願い致します」

ここでルウが改めてキャルヴィン達に深く頭を下げた。

相変わらず穏やかな表情で口調も丁寧、物腰《ものごし》も落ち着いている。

アデライドがここまで見込むのは珍しいし、キャルヴィンから見ても、目の前に居る男には邪《よこしま》な気配が一切無く、安心出来る。

極《きわ》めて曖昧《あいまい》ではあるが、キャルヴィンが長年の騎士隊《きしたい》務めから得た独特の感覚だった。

ここで頃合《ころあい》と見たのか、アデライドが手を叩《たた》いてジーモンを呼んだ。

「ジーモン、お客様がお帰りですよ」

しかしアデライドに対してルウが上申《じょうしん》する。

「お待ち下さい、奥様《おくさま》。お帰りになる前に庭で騎士様達の遺品と例の証拠品《しょうこひん》をお渡《わた》ししましょう」

遺品は勿論、事件の証拠品があるのなら、ぜひ受け取らなくてはならない。

キャルヴィンは黙《だま》って頷いた。

一方のアデライドはバツが悪そうに微笑む。

話が上手《うま》く行き過ぎたので、アデライドにしては珍しく事の運びを焦《あせ》ったようだ。

「ふふふ、そうだったわね。ルウ、お渡しするものがあるのをすっかり忘れていたわ」

「さあ、キャルヴィン様、皆様《みなさま》、ご案内致します」

待機していた家令ジーモンの厳《おごそ》かな声で、そこに居た全員がドゥメール伯爵邸の中庭に向かったのである。

# 第18話「契約」

キャルヴィン達は不思議だった。

騎士達の遺品と証拠品は地下室か、どこかの倉庫に仕舞《しま》ってあると思ったのに、案内された場所はドゥメール伯爵邸の広大な中庭の目立たない片隅《かたすみ》だったからだ。

理由はよく分からないが、とりあえず品物が用意されるのをここで待つしかない。

これから果たして何が起こるのであろうか？

キャルヴィン以下騎士４人が鋭い視線を送っている。

「まずは騎士様達の遺品です。伯爵様、確認《かくにん》をお願いしますね」

ルウは自分の左腕《ひだりうで》に付けた腕輪《うでわ》から５人の鎧、そして剣と遺髪《いはつ》を次々に取り出した。

そう、まるで手品のように……

「こ、これは⁉」

キャルヴィンは驚いた。ルウが使った腕輪の性能にである。

いくら魔法には疎《うと》いと言われる騎士であっても、キャルヴィンには分かる。

ルウが使ったのは付呪魔法《エンチャント》と呼ばれる高位の魔法がかけられた魔道具《まどうぐ》であろう。

だが、このように簡単に使えて大量収納が可能な魔道具などキャルヴィンは記憶《きおく》に無い。

副隊長を含む3人の騎士達もキャルヴィンとまったく同じ印象を持っているようだ。

目を丸くし口をあんぐりと開けた騎士達の表情は皆、驚きに満ちていたのだから。

「次は襲撃の証拠品ですが……フラン、いやフランシスカ様はまだご覧にならない方が宜しいかと」

ルウの気遣《きづか》いを感じて、フランが嬉《うれ》しそうに微笑《ほほえ》む。

ルウはやはり優しい、だけど私は強くなる！　なりたいのだ！

「大丈夫です。証拠品を出してください、ルウ！」

フランが決意のこもった強い視線を送ったので、ルウも頷いた。

同じようにアデライドも頷いたので、ルウは腕輪から『何か』を取り出した。

「ああっ⁉　な、何だ、これはっ？」

騎士のひとりが、ルウの取り出した『物体』を見て思わず目を背《そむ》けた。

証拠品としてルウが見せたのは……フランを襲った異形『小鬼《こおに》』の成れの果てである。

ゴブリンでもオークでもない、それ以上に醜悪《しゅうあく》な生理的嫌悪感《けんおかん》を起こさせる風貌《ふうぼう》。

さすがにキャルヴィンは異形の魔物《まもの》に対して目を背《そむ》けずに見詰めていた。

沈黙《ちんもく》が暫《しば》しその場を支配した。

何となく気になったキャルヴィンがふとフランを見ると……

何と、フランはルウに怯《おび》えたようにしがみつき、胸に顔を埋《うず》めているではないか。

同行した副隊長のシュナルも、ルウとフランのただならぬ様子に気が付いたようである。

「た、たいちょ……」

キャルヴィンは何か言いたげなシュナルを手で制止し、口に人差し指を当てるとアデライドを見た。

そのアデライドはというと……落ち着いてルウ達を見守っていた。ルウに抱かれたフランに対して慈愛《じあい》の目を向けており、何と驚いた事に家令のジーモンでさえ優《やさ》しい眼差《まなざ》しを注いでいたのだ。

キャルヴィンはフランが安心したようにルウに抱かれているのを見て、彼女の暗い影が無くなった原因を改めて確信したのである。

アデライド、君は身分なんか関係なく、愛《いと》しい娘を任せられる男を見つけたんだね。

そして、怪物『黒鋼《くろはがね》のジーモン』でさえ納得させる恐《おそ》るべき男か……

私もフランに相応《ふさわ》しい相手かどうか、この男をしっかりと見極《みきわ》めさせて貰《もら》おう。

キャルヴィンはそう決意し、部下達へ言う。

「ルウは騎士ではないが騎士道《きしどう》を良く知っている、ひとかどの立派な漢《おとこ》だ。俺達《おれたち》も彼《かれ》のように筋を通して義理堅くなければいけないぞ……分かるな？」

キャルヴィンはフランをしっかりと守りながら、危険な可能性のある襲撃現場へ戻り、犠牲者《ぎせいしゃ》を弔ったルウの侠気《きょうき》を称《たた》えたのだ。

同行した騎士達も充分《じゅうぶん》に納得していた。一見、冒険者風のルウは騎士隊に対して褒賞《ほうしょう》の金品を求めるどころか、お礼の言葉すら要求していない。

事件の受け答えも含めて、ルウの態度は堂々として爽やかであった。

こうなるとキャルヴィンだけではなく、副隊長を含めた３人の騎士達にもいつの間にかルウに対する好意が芽生えていたのである。

アデライドの意にも沿って今回の事件に関しては、キャルヴィンから同行した部下の騎士達へ厳重な緘口令《かんこうれい》が敷《し》かれた。

事件に関しては解明の為に捜査《そうさ》が必要なのは勿論だが、ルウに関しては事件の証人という以外は黙認《もくにん》の措置《そち》が取られたのだ。

ルウに対して、好奇心《こうきしん》からどこぞの誰かが変なちょっかいを出《だ》さないように……

戦死した仲間への対応に感謝した、ライアン達騎士隊《たちきしたい》の配慮《はいりょ》である。

こうして騎士隊による事件の聴取《ちょうしゅ》は無事に終わったのであった。

その夜、ドゥメール伯爵邸……

夕食前にこの屋敷《やしき》に居る使用人全員の前で、ルウが魔法女子学園の臨時教師並びにフランの従者になる事がアデライドから告げられた。

ジーモンから事前説明もあったので、使用人達の間にも動揺は無かった。

しかし夕食が始まると使用人達は驚いた。長年仕えた家令のジーモンでさえ同席出来ない食事の席に、新参者のルウが昨夜に続いて座っていたからである。

「今日は良くやってくれたわ、ルウ。言葉遣《ことばづか》いまで変えて貰ってね。まあルウに奥様なんて呼ばれると、私は落ち着かないけど」

アデライドは晴れやかに笑う。

一方、フランはルウを従者にした事にとても違和感《いわかん》があるらしい。

「はぁ……私はとてもルウが使用人だなんて気持ちにはなれないわ」

溜息を吐くフラン。

アデライドは笑いながらも釘《くぎ》を刺した。

「フラン、この春季休暇《きゅうか》が終わると、貴女とルウはどうしても学園で過ごす時間が多くなるわ。上司と部下、そして主人と下僕《げぼく》として、けじめは徹底《てってい》して貰わないとね」

アデライドはそう言いながらも、心の中では娘《むすめ》へエールを送っていた。

ルウは多分、臨時教師としても従者としても上手くやるだろうし、フランに対する優しい気持ちも変わらないだろう。

フランに対する優しい気持ち……でも、それは情から来るものだと、分かっている。

ルウに愛して貰う為には、フランがまず自ら歩み寄るしかないのだ。

貴女の良い面をたっぷり見せなさい、そして頑張《がんば》りなさい！　フラン……

楽しそうにルウと話すフランを、アデライドは慈愛の篭《こも》った目で見詰めていた。

夕食後……フランと共にアデライドの書斎《しょさい》に呼ばれたルウは今回の件でフランを助けたお礼、教師や従者としての支度金《したくきん》を合わせて受け取っていた。

総額にして金貨3，500枚という大金であった。

王都に住む一般《いっぱん》市民の一家4人が少なくとも10年は暮らしていける金額である。

「娘を助けて貰ったお礼が金貨3，000枚、教師としての支度金が金貨200枚。同じく従者としての支度金が300枚。月ごとの俸給《ほうきゅう》は教師が金貨20枚、従者は護衛費用を含めて50枚それぞれお支払《しはら》いするわ。いかがかしら？」

アデライドの提示金額を聞いたフランが頬《ほお》を思いっきり膨《ふく》らませた。

「お母様！　私の命がたった金貨3，000枚なんて！　……安いんじゃない⁉」

「うふふ！　確かにそうかも」

「もう！」

一方、ルウは予想通りというか、金額に対して何の拘《こだわ》りも執着《しゅうちゃく》もなかった。

「そんなにくれるのか？　俺は飯が食えれば構わないけど……住む所はどうしようか？」

ルウの言葉を聞いたアデライドが笑いながら手を横に振《ふ》った。

「いまさら何を言っているの？　うちの屋敷に住み込みに決まっているじゃない。部屋も個室を用意してあげるし、食費などは別途《べっと》全額こちらで持つわ」

ルウが思わずフランを見ると、ドゥメールの屋敷に住むのは当然とばかりに何度も頷いている。返事を求めて見詰めるフランに、ルウは「分かった」と返事をした。

「やったあ～っ!!!」

書斎には他の使用人が居ないせいか、フランは大胆《だいたん》にルウへ抱《だ》きついている。

「明日は王都の商店街区に出て買い物をしたい……出来れば普通の服に着替《きが》えたいんだ」

フランに抱きつかれたルウがぽつりと言う。

今、ルウが着ているのは魔法男子学園の寮《りょう》に居るフランの弟の服なのだが、華やかな貴族風の服よりも、目立たない庶民的《しょみんてき》な服の方が良いようだ。

「俺、今持っているアールヴの服があるから、もう1着くらい仕事用の服があれば充分だよな」

本当にルウは欲が無い。

しかしこれからは魔法女子学園の教師として毎日教壇《きょうだん》に立たなければならない。

最低限、日替わりの服は必要なので、アデライドは少しだけアドバイスする。

「革鎧《かわよろい》は勿論、普段着用の服はもっともっと必要よ。仕事柄、魔法使いが好んで着る法衣《ローブ》は最低でも5、6着は購入したほうが良いかもね」

「私がルウに似合う服を選んであげる！　服って結構高いけれど、お母様はケチじゃあないわよね？」

フランがルウに抱きついたまま、すかさず買い物の同行希望をアピールする。

こうなると、フランに『ケチ』と言われたアデライドも意地になる。

「言うじゃない！　分かったわ！」

アデライドは悪戯《いたずら》っぽく片目を瞑《つぶ》った。

よくよく考えれば『未来の婿《むこ》』が恰好《かっこう》良いに越《こ》した事はないのだ。

「服は基本的にオーダーメイドだから結構高いし仕上がりまで時間も掛かるわ。中古でも良いから質が良くてすぐに着れる服を買っておきなさい。その為のお金もあと金貨500枚追加してあげる」

「やったあ、お母様ったら太っ腹！　ありがとう！」

フランはまるで自分の事のように飛び上がって喜んだ。

作戦成功！　とばかりに満面の笑みを浮かべている。

「ありがとうございます、アデライドさん」

ルウはいつもと変わらない穏やかな笑みを浮かべながら、アデライドに深くお辞儀《じぎ》をしたのであった。

# 第19話「興味」

翌朝……ドゥメール伯爵邸における朝食の席はフランのひとり舞台であった。

楽しそうに喋《しゃべ》る、喋る……フランは楽しみで仕方がないのだ。

フランの従者として、ルウの正式な勤務が今日から始まる。

貴族令嬢《れいじょう》の従者として必要な服を始めとしたルウの買い物に同行する事、そして帰宅したら一緒《いっしょ》に春期講習の打合せをする事。

うっとりした目はまるで夢見心地である。

まるでフランは遠足に行く前の子供のような雰囲気なのだ。

「もう、さっきから！　買い物をするのは貴女じゃなく、ルウなんですよ」

「だって！　気分が、うきうきしてたまらないの」

満面の笑みを浮かべて話すフランに呆れながら、アデライドもつい笑顔《えがお》になる。

長い間、暗く辛い表情をしていたフランとは到底《とうてい》思えないからだ。

「ははっ、俺は良いよ。フランを守る――どちらにしてもやる事は変わらないんだろう？」

ルウは母娘の楽しそうなやりとりを聞きながら、相変わらず穏やかな表情であった。

朝食が終わり……とうとうルウとフランが外出する時間となった。

「お嬢様《じょうさま》、馬車を用意致《いた》しますか？」

家令のジーモンが伺《うかが》いを立てるが、フランはルウと一緒に街を歩きたいと言う。

「いいえ、馬車の用意は不要よ。私はお店のある商館街区までルウと歩いていくわ。ええ、ゆっくりとね。今日は天気も良いから」

「かしこまりました。ルウ、くれぐれもお嬢様を頼《たの》むぞ」

ジーモンがフランの警護を念押《ねんお》しすると、ルウはびっと気合を入れて敬礼する。

「ははっ、任せろ！」

「後で構わないから、お前が使った妙《みょう》な拳法《けんぽう》の事も教えろよ……必ずだぞ」

戦闘マニアのジーモンが懇願《こんがん》するが、ルウは返事をせず曖昧に笑った。

外出の準備が整うと、ルウとフランは手を繋《つな》いで階下に降り、扉《とびら》を開けて外に出る。

外はフランが言ったように晴れていて、清々《すがすが》しく気持ちの良い朝であった。

春の暖かな日差しが差す中をふたりは門へ向かって歩いて行く。

「残念ながら……ここまでだな」

「ああっ」

途中《とちゅう》まで歩くと、ルウがフランと握《にぎ》った手をぱっと離《はな》す。

いきなり手を離されたフランは恨《うら》めしげにルウを見詰《みつ》めた。

不満そうなフランに構わず、ルウは一歩、二歩前に出て辺りを睥睨《へいげい》する。

「大丈夫《だいじょうぶ》！　悪意や害意をもって見ている者は今の所、附近に居ない。行こうか、フラン」

「もう、意地悪！　まあ仕方が無いか……」

フランはルウと繋いでいた手を眺めていたが、諦《あきら》めて苦笑《くしょう》した。

そしてルウにぴたっと寄り添うようにして歩き出す。

貴族街区にあるドゥメール伯爵邸の門を出て暫《しばら》く歩くと10分程で中央広場に出る。

ヴァレンタイン王国の王都セントヘレナは街の中心に王宮がそびえ立ち、その周囲を広大な中央広場が囲んでいた。

この広大な中央広場から放射状に伸びたいくつもの道によって隔《へだ》てられ、様々な街区が造られているのである。

ルウとフランが向かう商館街区は王宮を挟んで貴族街区の向かい側にあたる。

ふたりは中央広場に出るとそのまま王宮の傍《そば》を回り込むように歩いて行く。

金髪《きんぱつ》の美しい貴族令嬢と、黒髪、黒い瞳《ひとみ》の長身痩躯の男の組み合わせは充分に人目を引いた。多くの通行人がルウとフランを指差したり、振り返ったりしていたのだ。

そして……小さな事件は起こった。

貴族の子息らしい男がふたりの行く手を塞いだのである。

男の背後には、いかにも金で雇《やと》われたような何人かの子分らしい取り巻きが控えていた。

「おほう、可愛《かわい》いね、君。俺達と遊びに行かない？　こんな男なんて放っておいてさ」

声を掛《か》けて来た男は若い。やたらに髭《ひげ》を生やして貫禄《かんろく》を見せようとしていたが、まだ少年といって良い年頃《としごろ》だろう。

しかし場数は踏んでいるらしく、口調は滑《なめ》らかであった。

この手の輩《やから》は断ったりしたら、子分の数にものをいわせて女性を拉致《らち》しかねない……そんな怖ろしい雰囲気も持っていた。

フランが困ったような顔をすると、いつの間にかルウが男との間に割り込んでいる。

「何だぁ、貴様！　どけよ！」

若い男の顔が憎悪《ぞうお》に燃える。

男はいきなり、目の前のルウに向かって思い切り拳《こぶし》を打ち込んだ。

しかしルウは軽々と躱《かわ》すと、相手の男は勢いあまって転倒してしまった。

転倒した男はすぐさま立ち上がると奇声をあげてルウへ掴《つか》みかかって来る。

ルウはまたもやあっさり躱《かわ》すと、今度は男の拳《こぶし》を無造作に掴んでしまう。

掴まれた男の拳がメキメキと嫌《いや》な音を立てた。

「ぐぎゃあああ！」

今迄《いままで》に受けた事の無い痛みが男を襲う。

男の顔が苦痛に歪《ゆが》み、口からは醜い叫《さけ》び声があがる。

こうなると後ろに控えていた子分共も黙ってはいなかった。

だがルウが男の耳元で囁《ささや》くと、相手の身体が電撃に打たれたように硬直した。

「待て！　お前達《たち》手出しをするな」

男は空いていた左手で、子分達が迫《せま》ってくるのを慌《あわ》てて抑《おさ》えたのである。

ルウはまたもや男に囁いた。

「俺《おれ》はお前とだけ、ゆっくりと話がしたい……だから子分共なんか目障りだ、下がらせろ」

「お、お、お前達、さ、下がれ！　下がってくれぇ！」

顔面蒼白《そうはく》になった男の必死な叫び。

子分達は悔しさを滲《にじ》ませながら、主人が命じた通りに少し離れた所に下がった。

「お前って俺と違って強引《ごういん》な奴だなぁ……まぁ、良い。名前と年齢は？」

ルウが問い質《ただ》すと不思議な事に男は抵抗《ていこう》出来ず、素直《すなお》に名乗った。

「ラ、ラザール・バルビエ、じゅ、17歳《さい》だ」

「ラザールか、成る程。たった17歳にしちゃ、少々おいたが過ぎるぞ」

「う、うるせぇ！　き、聞いて驚《おどろ》くなよぉ、俺の親父はなぁ、バルビエ男爵なんだぞ！」

やはり男は貴族の子弟であった。だがルウは全く動じてはいない。

「ははっ、親父はあまり関係ないんじゃないか？　で、お前は普段《ふだん》、何をしているんだ？」

「………」

ラザールは質問に答えない。ルウが動じないので脅《おど》しは効かないと分かったようである。

逆にこれ以上喋るとまずいと考えたらしかった。

「おいおい、黙っていたら拳が潰《つぶ》れるぞ」

しかしこれでは話が進まない。ルウは容赦《ようしゃ》なく握った拳に力を入れると骨が軋《きし》む音がして、ラザールの顔が再び苦痛に歪んだ。

「ぎゃあああ、やめてくれ！　い、言うよぉ。俺はヴァレンタイン王立魔法男子学園の2年生だ」

ルウの魂にラザールの魔力波《オーラ》を通じて彼の記憶が入って来た。

それによると、ラザールとその取り巻きは今回のように街中でいろいろな女性に声を掛け、ならず者がやるように何人も拉致して乱暴したようだ。

被害者が衛兵に対して事件の申し立てをしても、父親であるバルビエ男爵の名を使って一方的に揉《も》み消して来た悪逆ぶりである。

いつもは穏やかなルウの表情に珍しく不快の影が差した。

「多くの女達に散々酷《ひど》い事をしたみたいだな。しかしもうお終《しま》いだぞ。お前にもし良心が残っているのなら自分で衛兵隊か、王都の騎士隊に出頭しろ」

ルウはラザールに冷たい眼差しを向け、全く抑揚《よくよう》の無い声で呟《つぶや》く。

「俺は彼女《かのじょ》の従者だが、もし今後、指1本でも触《ふ》れてみろ」

ルウが言った瞬間《しゅんかん》、ラザールの喉《のど》がごくりと音を立てて鳴った。

静かな、しかし凄味《すごみ》のあるルウの怒《いか》りの魔力波が一気に流れ込んだからである。

ラザールの耳に今迄のルウとは全く違う口調が響《ひび》く。

冗談とは思えない冷酷無慈悲《れいこくむじひ》な声である。

「子分共は勿論、お前も含めて家族も全員嬲《なぶ》り殺しにしてやるぞ、分かったな」

ルウの言葉を聞いた瞬間、ラザールが立っていられないほど震《ふる》え出した。

ラザールの両親や兄弟が無残に殺されるイメージをルウが魔法《まほう》で見せたのだ。

悲鳴や助けを求める声も聞こえ、幻《まぼろし》と思えないほどリアルであった。

ルウは冷たく笑って言い放つ。

「もし俺の事をちょっとでも口外してみろ、即座《そくざ》に殺してやるからな」

凄味を増したルウの言葉にラザールはもう力なく頷くしかなかった。

ここでやっと衛兵が駆《か》けつけて来る。

ルウ達当事者に対して取調べを行い、その場に居た見物人にも聴取をした結果、双方とも剣を抜《ぬ》いていない事が判明する。

ルウは殆《ほとん》ど抵抗もしていない（ように見える）のだから、軽い喧嘩扱《けんかあつか》いとなりお互《たが》いに無罪放免となった。衛兵からフランの素性《すじょう》を聞いたラザールは青ざめていた。相手が自分の父親より爵位の高い伯爵《はくしゃく》の令嬢だと分かったからだ。

酷く落ち込んだラザールは子分達の呼びかけにも応じなかった。

その夜、覚悟《かくご》を決めたラザールは屋敷に戻《もど》ると父親の男爵へ全《すべ》てを話して、翌日、自ら衛兵隊へ出頭したという話が、少しあとにドゥメール伯爵家《はくしゃくけ》へ伝わったのである。

取調べが終わり、再びルウとフランが商館街区に向かおうとした時。

ルウとフランを見ている10代半ばと思われる少女がふたり居た。

革鎧を装着し、腰《こし》にはショートソードを提《さ》げている。華奢《きゃしゃ》な少女にしては結構鍛《きた》えているらしく、締まった体躯《たいく》のふたりは悟られないよう群衆の陰《かげ》に身を隠していた。

「ねぇ、オルガ。あの女《ひと》、間違《まちが》い無く【鉄仮面】だよね……」

「うん、間違い無い！　だけどさ、ミシェル……授業中は、あいつったら凄く暗いじゃない。あんな笑顔って初めて見るよ」

フランの事を【鉄仮面】と呼んだのは金髪をショートカットにした碧眼の娘ミシェル。

同意したのは、明るい茶髪をポニーテールにしている鳶色《とびいろ》の瞳のオルガ。

どうやらふたり共、フランの勤める魔法女子学園の生徒のようである。

「原因はもしかして、あの……男……かな？」

「そうだね、男の方は一体誰《だれ》だろう？　えっと、服装は貴族っぽいんだけど多分従者だね」

ルウはまだフランの弟の服を借りていたので、身なりは一見貴族風であったが物腰が、らしくない。少女達ふたりはルウの容姿を観察し、何者か見極めようとしていた。

「ねえ、ちょっと興味ない？　良いネタになりそう」

「ああ、結構あるよぉ。絶対に突き止めて、鉄仮面の事をからかってやろう」

少女達は顔を見合わせて面白そうに頷くと、先を歩くルウとフランの後を付かず離れず尾行《びこう》し始めたのである。

## 第20話「見破り」

ミシェルとオルガ、ふたりの少女はルウとフランの後をつけている。

多少は武技を嗜《たしな》んでいるらしいが所詮《しょせん》は素人《しろうと》の尾行であり、ルウは最初から気付いていた。

フランを見知っているという魔力波《オーラ》が発せられている。

多分フランと自分に対する好奇心からであろうとルウは考えた。

どうやら害意も無い様だし……暫く泳がせておこうか。

気付かない振りをしながら、ルウはフランと共に中央広場を横切って歩いて行く。

ルウ達へ好奇の目を向ける男達もいたが、ルウが僅《わず》かに殺気の篭った魔力波を向けると、誰もが慌てて目をそらす。

やがてルウとフランは目的の商会に到着《とうちゃく》した。貴族の邸宅《ていたく》のような趣《おもむ》きの大型店舗《てんぽ》に、無骨ながらセンスの良い木製の看板が掲げられており、ルウは看板の文字を読んだ。

「キングスレー商会？　でっかい店だな」

「ええ、そうよ。この商会はドゥメール伯爵家が代々御用達《ごようたし》にしている店なの」

「へぇ！　じゃあいつもフランはここで買い物をしているのか？」

「ええ、本来なら本店をこの王都に置くのが通例なんだけど、この商会はヴァレンタイン王国第二の都市バートランドに本店を置いているのよ」

「じゃあ、ここは支店か？」

「うん、ここは支店。だけど支店長は若いのにとてもやり手で本店に劣《おと》らないほど繁盛《はんじょう》しているわ。珍《めずら》しいでしょう？」

「ああ、俺も会ってみたいよ」

尾行して来たミシェル達はキングスレー商会に着いたルウとフランを見ながら、物陰で会話を交わしていた。

「ねえ、何か買い物みたいだねぇ」

「【鉄仮面】が買い物に従者を引き連れて来たってとこか……」

ミシェルとオルガはこれからどう行動するか、決めあぐねているようだ。

「ここまで来《き》たし買い物客のふりして、思い切って店に入っちゃおうか？」

「そうだね！　行っちゃおう」

少女達が躊躇《ちゅうちょ》している間にルウとフランは既に商会の中に入り、支店長と名乗る男の歓《かん》迎《げい》を受けていた。

フランが来訪の旨《むね》を告げると、商会の者はすぐに取り次いでくれた。

上客という事で当然のようにＶＩＰルームへ案内される。

「ようこそ！　フランシスカ様。今日は朝早くからどういった物がご入り用で？」

「お早う、マルコさん」

フランから、マルコと呼ばれた３０代半ばの男。彼がキングスレー商会王都支店の支店長らしかった。一見して栗毛《くりげ》の短い髪をした笑顔を絶やさない男である。

若くしてこの王都支店を任されているマルコはフランの言った通り、次期キングスレー商会会頭候補の筆頭と、巷《ちまた》で言われているやり手であった。

フランが来店の趣旨《しゅし》を告げる。

「今日は私の買い物ではなく、従者のルウが買い物をするのよ」

「ルウ様と仰るのですか、初めまして。私はキングスレー商会王都支店長マルコ・フォンティでございます。今後とも当キングスレー商会をお引き立てのほど、宜《よろ》しくお願い致します」

マルコはルウに向き直ると、深々とお辞儀をした。

ルウも自分の名を名乗ると同時に自然とマルコの様子を観察する。

しかしマルコはフランに向けたのと同じ柔和《にゅうわ》な微笑みをルウにも向けて来る。

客が変わったのに態度が全く変わらないのだ。

マルコが身分に対する差別意識や邪気《じゃき》を持たないのを、ルウは態度だけでは無く、魂《たましい》から放出する魔力波《オーラ》で感じ取っていた。

「ところで、ルウ様は今日どのような物をお求めですか？」

「ああ、俺はこの春からフランシスカ様の従者、そして魔法女子学園の教師にもなるので、まずはそれに見合う服が欲《ほ》しいんだが、今着ているような服はちょっと嫌なんだ……」

「成《な》る程《ほど》、ルウ様は貴族が普段着るような服装はお好みではないようですね。ご用意するのは仕事用の革鎧《かわよろい》に法衣《ローブ》、そして普段お召しになられる着やすい平服を数着ずつといったところでしょうか」

「ああ、そうして欲しい」

ルウが了解《りょうかい》すると、マルコは一段と高く声を張り上げる。

「かしこまりました！　当店は他店と同様にオーダーメイドがメインではありますが、中古品の取り揃《そろ》えも抜群です。面白《おもしろ》いところではバートランドに本店を置いております関係上、冒険者達《ぼうけんしゃたち》の持ち込む『特別な商品』も他店より圧倒的《あっとうてき》に多く取り扱っております」

「冒険者《ぼうけんしゃ》の街バートランドに本店があるという事は、迷宮や遺跡《いせき》から発見される稀少《きしょう》な古代人工遺物《アーティファクト》を筆頭に、面白い装備品や魔道具もバッチリ……と言う事だな」

「はい！　ここは支店ですのでバートランドの本店ほどではございませんが、それでも結構な数の『面白い物』が入荷しておりますよ」

ルウが好む物を理解したマルコは、指をぱちんと鳴らして店の従業員に合図した。

奥《おく》の特別商談室へルウ達を案内して、そこで商品を見て貰うという。

オーダー用の採寸も恐らくそちらでするのだろう。

「ではフランシスカ様共々、奥へどうぞ」

「えっと、了解したが、その前にちょっと……」

ルウがマルコを呼び止めて手招きすると彼は怪訝《けげん》な表情をする。

しかしルウがマルコの耳元で何かを囁く。

するとマルコの表情が悪戯っぽく変わり、ルウの方を見て大きく頷《うなず》いた。

急に様子が変わったふたりを見て、フランは不思議そうな表情である。

「では参りましょう」

マルコはその場に居た店員に耳打ちをすると、ルウとフランを先導して、キングスレー商会の特別商談室に連れて行く。

ルウ達の姿が消えると同時に、買い物客を装《よそお》ったミシェルとオルガが入って来る。

少女達は先に入店したルウ達を探そうと視線を走らせたが、見当たらなくて首を傾げた。

その時、マルコから耳打ちをされた店員がダッシュで駆け寄って来る。

「え？」という反応で驚き、後退《あとずさ》りするふたりの少女。

「ようこそ、いらっしゃいませ！　貴女方《あなた》の事はフランシスカ様よりお聞きしております。申し訳ありませんが、フランシスカ様のお買い物が済む迄の間、別室でお茶をお出しするようにとのご指示を頂いております」

少女達は立て板に水のような店員の言葉を聞き、更《さら》に吃驚《びっくり》した。

「さあさあさあ！　どうぞ、こちらへ！」

店員は強引とも言える態度で戸惑《とまど》うふたりの少女を商会の応接室へ連れて行ったのである。

一方、ルウとフランは特別商談室でマルコから商品に関して説明を受けていた。

暫《しば》し経《た》ってノックが響き、扉が開くと少女達を案内した店員が入って来る。

「支店長！　ご指示通りにしておきました」

「ご苦労だったな」

マルコが店員を労《ねぎら》い、ルウが面白そうに頷くのをフランは、ぽかんとして見詰めていた。

先程《さきほど》からルウとマルコの間に何かある……フランはそう感じていた。

だがこれでは仲間外れにされたようでちょっと寂しいと、フランは拗《す》ねる。

「ねえ、さっきから一体何なの？」

フランの問い掛けに対して、マルコが悪戯っぽい笑《え》みで答えた。

「いえ、フランシスカ様が良く御存知な女性おふたりが、あとからいらっしゃるので、ルウ様から歓待するようにとのご指示を頂きまして」

「私が良く知っている女性ふたり？」

マルコがそう言うのを更にルウが補足する。

「10代半ばの女の子がふたり、広場でフランシスカ様と俺を見かけて後をつけて来たみたいですね」

10代半ばの女の子ふたり？　ああ、もしかして！

フランは思わず頷いた。

「フランシスカ様がお考えになった通りです。多分、魔法女子学園の生徒様でしょうね」

ええっ⁉　私達、ずっと尾行されていたの⁉

自分だけ気付かなかったのが、やはりフランには悔《くや》しい。

「ルウ、今度……教えてね」

フランはマルコに聞こえないようにルウに囁いた。

尾行を察知した力がもしも魔法であればぜひ詳《くわ》しく聞きたいのだ。

「了解！」

ルウがにっこり笑ったので、フランも気分が晴れたのと同時にワクワクして来た。

基本的にフランの行使する索敵魔法《さくてきまほう》は文字通り、強い敵意を発する魔力波《オーラ》が無い限り、無害に近い相手を識別するのには精度が低い不完全な魔法なのだ。

「では、採寸しましょう」

頃合と見たマルコの指示により、ルウの身体のサイズを測る為に女性の職人が現れたのであった。

# 第21話「製作依頼」

30分後……ルウの採寸はあっという間に終わった。

「どうした？　エルダ」

商会支店長のマルコ・フォンティにエルダと言われた若い女性の仕立て職人は切なげに溜息《ためいき》をつき、顔を伏せた。

「おいおい、具合でも悪くなったのか？」

「……いいえ、大丈夫《だいじょうぶ》です」

心配そうなマルコの問いに対して、エルダは泣きそうな顔で首を横に振った。

「失礼します」

掠《かす》れた声でそう言うと、部屋の片隅《かたすみ》に控えたのである。

「どうしたんですかね？」

マルコは不思議そうに首を傾《かし》げるが、やがて思い直したように話を切り替えた。

「まずは革鎧からですな、素材のサンプルをお持ちします。ちなみに法衣《ローブ》や普段着をお選び頂くのも同じやり方です」

「分かった」

ルウはマルコの話を理解したようだ。

フランは会話を聞きながら、どんな素材が出てくるのか自分の事の様にどきどきしていた。最初の素材が出て来た。

マルコの雰囲気《ふんいき》がものものしく、何か凄そうな素材である。

フランがそっと見ると、とてつもない魔力波《オーラ》を発する白銀の皮革《ひかく》であった。

「これはかつてある英雄《えいゆう》が倒した古代竜の皮です、当店自慢の一品でお値段は……」

いきなり高価そうな素材をマルコから提示されて、フランの喉がごくりと鳴った。

「ええと、神金貨3枚、金貨3万枚分となります」

「えええええっ？　ききき、金貨3万枚⁉」

フランは思わず大声を出した。金貨3万枚なら、この王都セントヘレナの貴族街区に相当立派な屋敷を構える事が出来る。普通《ふつう》の屋敷なら2軒は楽に買えてしまうだろう。

いくら上得意である貴族令嬢への商売とはいえ、たかが従者用の革鎧である。

常識的には考えられない金額であった。

マルコさんったら……一体、何を考えているの？　もしかしてルウが買うとでも？

だけど何、これ⁉　私もこんな凄い革素材は初めて見たわ……

そんなフランの思いを破るように何とも脱力《だつりょく》しそうなルウの声が響いた。

「悪いが、これでフランシスカ様と俺のふたり分の革鎧を作ってくれないかな？」

ルウが収納の腕輪《うでわ》から無造作に取り出した物、それは先程マルコが提示した白銀の革素材と同じような質感をした漆黒《しっこく》の革素材である。

その場に居たルウ以外の誰もが目を見張った。ルウの出した革素材は、マルコの素材以上の圧倒的な魔力波《オーラ》を放っていたのである。

「こ、こ、こ、これはっ！　い、い、一体どうされたのですかっ⁉」

それまで余裕《よゆう》の笑顔だったマルコの表情が一変する。魔法使い《まほうつか》ではないマルコに魔力波は見えなくても、さすがにひとめ見たら商品の『格』を判断する事は出来るのだ。

「ええと、どうされたって、爺《じい》ちゃんから秘蔵のお宝だって言われて譲《ゆず》られたものだよ」

アールヴのソウェルの秘蔵の宝とは……一体、どのような意味であろう？

フランは気にはなったが、今はそれどころではない。

ルウが彼《かれ》自身の物は勿論《もちろん》、フランの分の革鎧も一緒に作って欲しいと言ったからである。

嬉《うれ》しい！　嬉し過ぎる！　ここですぐ踊《おど》り出したいくらいだ！

いや、天にも昇《のぼ》る気持ちとはこの事なのかと、フランは有頂天になっていたのである。

片や、マルコはルウが出した素材の価値を見極めなければと考えたらしい。

「ど、どちらにしても！　い、今、ドヴェルグの職人を呼びますので、暫《しば》しお待ち下さい」

マルコの言うドヴェルグとは元々地下に好んで住む種族で、アールヴと同じく北の妖精《ようせい》族《ぞく》の末裔《まつえい》である。

ドワーフとも呼ばれ、背はあまり高くなく体型はずんぐりしている。

武器防具の製作に優《すぐ》れた者が多く、数多《あまた》の素材にも詳しい。また膂力《りょりょく》に優れ、強靭な戦士を多く輩出《はいしゅつ》する。

ルウの提示した革素材はいかに目利きのマルコでも価値を見極める事が難しい。

その為《ため》、マルコの指示により控えていたエルダが武器防具職人を呼びに行ったのだ。

間も無く、小柄《こがら》ながら筋骨隆々《りゅうりゅう》で髭面の典型的なドヴェルグの男がやって来た。

「何事だ？　エルダが血相変えて早く来いって言うから、仕方なく来てやったけどよ」

エルダと共に来たドヴェルグはいかにも偏屈《へんくつ》そうな雰囲気である。

しかしルウとフランが先に名乗ると、意外にも人懐《ひとなつ》こい笑顔を向けた。

「俺はオルヴォ・ギルデンだ。このマルコとは結構長い付き合いでな。元々、バートランドに居たんだが、奴《やつ》についてとうとう王都にまで来ちまった」

オルヴォ・ギルデン……魔法使いのフランは武器防具にはあまり詳しくないが、大陸でも指折りの武器防具職人であるオルヴォの名は聞いた事があった。

噂《うわさ》では大変な変わり者で気に入った仕事しかしないらしいが……

「がはは！　何の因果でこんな暮らしにくい王都になあ。バートランドが懐《なつ》かしいぜ」

オルヴォはマルコに同意を求めた。

しかしマルコは支店長という立場もあるのであろう、曖昧《あいまい》に笑っている。

「で、俺に見て貰《もら》いたいものは、その滅茶苦茶凄そうな革素材か？」

やはりオルヴォはドヴェルグの一流職人らしい。特別商談室に入った瞬間から、この素材の異様さに気付いていたらしいのだ。

「むむむ……こ、これは」

オルヴォが唸《うな》るのを、マルコが興味津々《しんしん》といった感じで見守る。

暫し経ち、皮の正体は判明したようである。

「わはははは！　これは何と言う、いかれた皮なんだ！」

「いかれた皮⁉」

マルコが返すと、大きく息を吐いたオルヴォは熱に浮《う》かされたように喋《しゃべ》り始めた。

「俺も確かな事は言えないが、これは多分、神代《かみよ》の頃《ころ》から生きていた真竜王《しんりゅうおう》の皮だよ。値段なんか到底つけられんし、こんなお宝に巡り合えるなんて感動だな！」

真竜王？　真竜王って確か……

フランが子供の頃、神話で読んだ話があった。

この世を創世した神＝創世神が自分に敵対する者が現れた際、北の大神に命じて神竜の姿に化身させ征伐《せいばつ》したと伝えられている。

北の大神が神竜の姿である時に、とある竜の姫との間に生まれた御子《みこ》が竜の始祖である神聖竜王であり、その直子が真竜王であると言われている。

こうして竜族は北の大神の一族となり、繁栄は始まったのだ。

しかし後年、力を過信した真竜王の傲慢《ごうまん》さに、神々の長である創世神の怒りが下った。

従来は不死であった竜族に限りある命を与《あた》えなおし、世界に敵対する邪悪《じゃあく》な怪物《かいぶつ》というイメージを人々に抱《いだ》かせるような啓示《けいじ》を出したという。

創世神に永遠の生命を剝奪《はくだつ》され、邪悪なイメージを植えつけられた竜族はその処置を恨《うら》み、その強大な力を背景に大陸各所で暴れまくった。

それ以来、竜族は人族を含《ふく》めた全人類の敵として認識《にんしき》されている。

「北の大神の御子の子孫……その皮？」

ルウを除いた皆《みな》が呆然《ぼうぜん》と呟いている。

「ああ、とんでもないぞ。創世神の天罰《てんばつ》により真竜王は不死でこそなくなったが、神に匹敵する凄《すさ》まじい強さだったそうだ」

オルヴォは再び「ふう」と溜息を吐く。

ドヴェルグ特有の、素材に対する好奇心《こうきしん》がオルヴォを興奮させているようだ。

「俺達《おれたち》ドヴェルグから見れば、絶対に嘘臭《うそくさ》い話だが、真竜王は、な……アールヴの伝説に出て来る史上最強のソウェルが戦って倒したと言われているんだ」

アールヴの伝説に出て来る最強のソウェル？

ああ、納得《なっとく》！　そのソウェルがルウの育ての親なんだわ。

フランはじっと傍《かたわ》らのルウを見詰めた。

オルヴォは鼻を鳴らして吐き捨てるように言う。

「ふん！　あの糞《くそ》いまいましいアールヴの奴等《やつら》の間では神に近いとか、史上最強とか言われた、心技体に優れた伝説のソウェルだとよ」

糞いまいましいか……ルウはオルヴォが毒づくのを見て、苦笑した。

アールヴとドヴェルグは種族同士が犬猿《けんえん》というくらい決定的に仲が悪かったのだ。

「確か、ギルデンさんと言ったな」

「そっちはルウさんだったな？　俺の事はオルヴォと呼び捨てで良いぞ」

「ではオルヴォ、敢《あ》えて聞こう。実は俺、アールヴとの縁《えん》があって彼等《かれら》の民《たみ》とも言える者なんだが、仕事は受けて貰えるのか？」

「何だと⁉　お前はアールヴに関係があるのかよ！」

オルヴォは眉間《みけん》に深い皺《しわ》を寄せ、改めてルウを見た。

彼は誰かがアールヴと言っただけで寒気がする性質《たち》なのだ。

しかし目の前に居るのは不思議な雰囲気を持つ男であった。

何故《なぜ》か温かい。そしてルウの深い漆黒の瞳……相手が男ながら見ていると意識が深く深く吸い込まれそうだ。

「ちっ！　普通、アールヴの依頼など死んでも受けないが、この超レアなお宝絡《がら》み喜んで……」

オルヴォは難しそうな表情から一転、にやりと笑い親指を立てた。

浅黒い顔に笑った唇《くちびる》から覗《のぞ》く歯がやけに白い。

「受けさせて貰おう！」

しかしルウがさっと手を挙げる。

「あ、そうだ。オルヴォに改めて相談があるが……」

「何でぇ！　ルウさんよぉ。まだ何かあるのかよ？」

怪訝な表情をしたオルヴォに対して、ルウはバツが悪そうに頭を掻いている。

「俺さ、金の事を全く考えていなかった。あんたに頼《たの》んでも、持っている金で足りるかな？」

ルウの言葉を聞いたオルヴォは一瞬呆気《いっしゅんあっけ》に取られたが、大爆笑する。

「ははははは！　金なんか関係ねぇ！　何とかしてやろうぜ、マルコ！」

一気に場が和《なご》み、皆が大笑いしている。

フランも何故かホッとした。

自分を不良達から助けたルウの表情には、容赦しないといった凄味があったからだ。

フランを初めて異形から助けた時も同様である。

あの時もルウは襲《おそ》って来た相手に対して全く容赦しなかった。

だが今のルウは穏《おだ》やかで飄々《ひょうひょう》としながら、何とも言えない温かみがあるのだ。

怖《こわ》いけれどしっかりと私を守ってくれる強くて頼もしいルウ、優《やさ》しくて温かいルウ。

私は……果たしてどちらのルウが好きなんだろう？

子供のように笑うルウを見ながら、フランもくすりと笑っていたのである。

一方……こちらは、キングスレー商会応接室。

「このままじゃやばいよね……」

「確かにやばいよ」

ミシェルとオルガ……ふたりの少女が顔を見合わせて困惑《こんわく》していた。

この状況《じょうきょう》はピンチだ……絶体絶命と言ってもいい。

いつの間にか相手に尾行がばれてしまっていたのだろう。

しかし、このまま逃げ去るわけには行かない。

何せ尾行相手のフランは、気難しい事で有名な自分達の学園の校長代理なのだから。

もし今すぐ逃《に》げても、フランが怒《おこ》って「誰が尾行をしたのか？」という調査をしたら、商会店員の証言で風貌《ふうぼう》から学園の誰だかすぐに分かってしまうだろう。

その時である。

応接室の扉《とびら》がノックされる音が響き、ミシェル達はびくっと身体を震わせた。

「失礼します」

扉が開き、部屋に響く凛《りん》とした声……現れたのはやはりフランであった。

母アデライド譲りの張りのある声、そして今まで見せなかった優しい笑みは逆にフランに凄味を付加するのに充分《じゅうぶん》であった。

「あら、誰かと思えばミシェルにオルガじゃない、ごきげんよう」

「ご、ご、ごきげんよう、ドゥメール先生」

「て、てっか……じゃなかった！　ご、ごきげんようフランシスカ先生！」

「ふたりともお待たせして悪かったわね」

微笑《ほほえ》むフランに対して少女達は更に吃驚する。

鉄仮面フランシスカ・ドゥメールから、こんな優しいセリフは出て来るわけが無い。

実際にフランは授業の時も含めて、いつも無表情であったのだ。

フランが感情を見せるのは、物事を碌《ろく》に議論もせずに力や年齢、性別などをあげつらって意見を通したり、覆《くつがえ》そうとする邪《よこしま》な人間と激しく口論する時のみである。

滅多に感情を見せない無表情な女……すなわち生徒達の間でフランへ付けられた渾名《あだな》が【鉄仮面】なのだ。

それが今、鉄仮面どころか聖母の様に微笑むフランに少女達は戸惑っていたのである。

「貴女達《あなたたち》、今年から新たに学園へ赴任《ふにん》する先生を紹介《しょうかい》します。ルウ・ブランデル先生よ」

「俺はルウ、ルウ・ブランデルだ。宜しくな」

「はっ、はい！　私はミシェル・エストレ。魔法女子学園の2年生です」

「私は同じくオルガ・フラヴィニー……です。あ、あの私達これからどうなるのですか？」

ミシェルとオルガがルウ達を尾行したのは世間的には別に罪でも何でもない。

しかし、一般《いっぱん》には罪でなくても魔法女子学園内にては倫理的に由々《ゆゆ》しき問題であった。

他人のプライベートな生活を覗《のぞ》き込もうとして相手の後をつける、どんな買い物をするか調べる、挙句の果てにそれをネタにしてからかう。

女性の模範となる淑女《しゅくじょ》を育てんとする魔法女子学園の方針として、これらの行動は淑女にあるまじき行為《こうい》なのである。

今日ふたりがやった事が発覚すれば当然校則違反となってしまい、ミシェル達《たち》は最低でも厳重注意か、下手をすれば停学処分になる。

「街中で見かけて私達が気になったんでしょう？　……まあ、生徒に無視されたり興味を持たれないよりはマシとして、もう一度同じ事をしたら次は許さないわよ、どう？」

フランの言葉をひと言も聞き逃すまいと緊張《きんちょう》していたミシェルは、つい自分の耳を疑う。

「次は許さないって……も、もしかして今回はお咎《とが》めなしって……事ですか？」

続いて、半信半疑という表情のオルガが噛《か》みながら聞き直す。

「あ、あのフランシスカ先生、今の本当に……本当ですか？」

「ふふふ、本当よ、それともそんなに停学になりたいの？」

「いいえっ！　停学は嫌《いや》です。でも……」

「どうして許して頂けるのかと！」

ミシェルとオルガはやはりフランの真意を掴《つか》み損《そこ》ねているようだ。

「そこから先は自分で考えなさい、でも今回の事はしっかり反省してね」

好奇心は猫《ねこ》を殺す……

本人は遊びのつもりでも見境《みさかい》の無い好奇心は身を滅《ほろ》ぼす可能性もあるからだ。
フランは改めてふたりをしっかりと諭《さと》したのであった。

# 第22話　「幕間　キングスレー商会王都支店の内緒話《ないしょばなし》」

「お買い上げありがとうございました！」

「ありがとうございましたっ！」

商会の入り口でルウとフラン、そして少女達を見送ったキングスレー商会王都支店長マルコ・フォンティは店員一同と一緒《いっしょ》にホクホク顔で見送った。

結局、ルウとフランは特別な鎧の発注以外に、普段《ふだん》使いの衣服や武器など多くの買い物をしてくれたのである。

しかし、ルウとフランの姿が見えなくなるとマルコの表情が一変した。

その場に居たドヴェルグの武器防具職人オルヴォ・ギルデンと仕立て職人のエルダ・カファロへ話があるから別室へ来るように命じたのだ。

3人は商会内に戻ると一番奥の部屋に入る。マルコはさりげなく内鍵《うちかぎ》を掛《か》けると、オルヴォと手分けして応接セットを一番奥に持って行った。

万が一扉のすぐ外に人が居ても、盗《ぬす》み聞きをし難《にく》くする為であろう。

3人が座るとマルコが息を潜《ひそ》めるようにふたりに囁《ささや》いた。

「暫《しば》く誰も応接室に近寄らないように言ってあります。私からふたりへ話があるのです」

人払《ひとばら》いとは尋常《じんじょう》ではないが、オルヴォも当然と言うように頷く。

彼からもまた話があるようだ。

「実は俺《おれ》も内々で話があるんだが……とりあえずお前の方から聞こうか？」

オルヴォがしわがれ声で呟《つぶや》き、腕組《うでぐ》みをして眼《め》を閉じた。

「あら、偶然《ぐうぜん》ね。私からも内緒話《ないしょばなし》よ」

エルダも慌《あわ》てて手を挙げて、発言する事を主張する。

マルコは思わず微笑む。

いつも黙々《もくもく》と仕事をするおとなしいエルダが自分から主張するなんて珍しい事なのだ。

「分かりました。皆の話も後でしっかり聞きましょう。まずは私からです」

オルヴォとエルダのふたりがマルコの話を聞き逃すまいと聞き耳を立てた。

「先程の真竜王の革鎧の件なんですが……」

「俺も同じだ！」

「私もよ！」

「まあまあ……それなら、なおの事、じっくり話そうじゃないですか」

マルコは入れ込むふたりを手で抑《おさ》えるポーズをとった。

そして尤《もっと》もらしくこう言い放ったのである。

「鎧が完成した暁《あかつき》には当商会の功績を世に知らしめる為に、商会が請《う》け負って、オルヴァ、貴方《あなた》が製作をしていたと、いろいろな人へ伝えないといけない」

王都支店長として商会の知名度と利益増を考える立場からすれば当然の発言であった。

しかし即座《そくざ》に反対の声があがる。

「そりゃ、駄目《だめ》だぜ、マルコ！　ぜって～に駄目だ！」

「そ、そうよ！　マルコさん」

ふたりの制止する声を聞いたマルコは「違《ちが》う」と言うようにゆっくりと首を横に振《ふ》った。

「話を最後まで聞いて下さい、ふたりとも」

オルヴァとエルダの『反対』を鎮《しず》めた上で、マルコは改めて話を切り出す。

「真竜王の革鎧のような破格の品を持っていると不逞《ふてい》の輩《やから》や賊《ぞく》に狙《ねら》われ易《やす》いのは想像出来るでしょう？」

「当たり前だろう？　だから俺は……」

オルヴァが訝《いぶか》しげな表情をするが、マルコは「待て！」と手を挙げ彼の発言を止めた。

「この特別な鎧を製作する事を絶対に秘匿《ひとく》せよ！　という支店長命令を発令するつもりで

す」

マルコの発言を聞いたオルヴォとエルダはじっと彼を見詰《みつ》める。

先に口を開いたのはオルヴォであった。

「なんでぇ、実は俺も全く同じ考えだよ。こういうのは客との信頼《しんらい》関係に繋《つな》がらぁ。俺は男としてあのルウの信頼を得たいのさ」

ルウは素直《すなお》に、自分はアールヴと関係があると告げた。

オルヴォは、そんなルウの潔《いさぎよ》さを気に入ったようである。

「マルコ！　お前には悪いがなぁ、商会の名誉《めいよ》と利益なんか後回しだ！　俺は世間にこれ以上名を売ろうとは思わないし、他の奴等が知らなくても自分だけこの凄《すご》い素材を手掛けたと分かっていれば良いのさ」

名誉欲など皆無《かいむ》であるという偏屈なドヴェルグらしい台詞《せりふ》ではあったが……

オルヴォが話し終わると、今度はエルダが口を開く。

「私もあなた方ふたりと全く同意見です。ねえオルヴォさん、お客様ふたりと貴方には悪いけど、鎧の意匠《デザイン》も思い切り目立たなく、地味な物にして欲しいのですが」

「分かってらあなあ！　実はあの時、ルウの方からもデザインは派手じゃなく目立たないようにお願いしますって、言われているんだよ」

やはりルウは只者《ただもの》ではない。　商会側の懸念《けねん》事項《こう》も、しっかりと計算に入れていたのだ。

もしも真竜王の革鎧をキングスレー商会が製作したなんて事が世間に知られたら……

他にも在庫があると思われ、この王都支店が賊に襲われる可能性が高い……

究極のレアアイテム真竜王の鎧なら一国が買えるくらいの価値がある！

それほどのお宝なら、賊は手段を選ばず容赦なしに襲って来る可能性が高く、それは商会を危機に陥《おとしい》れる事になる。

今回の真竜王の革鎧製作の件はフランシスカから、すぐにアデライドの耳へ入るだろう。

そして商会が顧客《こきゃく》の秘密を守る適切な対応をした事をアデライドが知れば、彼女《かのじょ》の伯父《おじ》であるバートランドの領主エドモン・ドゥメール公爵《こうしゃく》の耳にも内々で入るに違いない。

キングスレー商会にとってドゥメール家との関わりは、この王都以上に冒険者の街バートランドでは深い。

今回の件で顧客の秘密を守り、安心して買い物が出来る誠実な店だと、ドゥメール家は更にキングスレー商会への信頼を深めるだろう。

急がば回れ……マルコは最初からそう考えたのである。

「ところで、マルコ。お前、ルウにいきなりあんな素材を出したのはどうしてだよ？」

オルヴォは不思議そうに首を傾げていた。マルコが出したあんな素材とは、最初に提示した古代竜の皮の事を言っているのだろう。

「そんな事は簡単に分かるでしょう？　オルヴォとはもう長い付き合いなんだから」

マルコはオルヴォの胸を軽く拳《こぶし》で叩《たた》く。

「むう……」

それを受けて暫し考え込んだオルヴォだが、結局は分からなかったらしい。

元々オルヴォはせっかちな性格であり、じっくり考える事は苦手なのだ。

「もったいぶらずに教えろよ！」

いらついたオルヴォはマルコの胸をこれも軽く叩き返した。

マルコはやったとばかりに、悪戯《いたずら》が成功した子供のような表情を見せる。

「私は最初に会った客の中で特に気になった人にはどれくらいの人物か試す為《ため》に、ああいった凄いお宝を出すのです。安い商品を出してウチが舐《な》められちゃいけないという理由もあるのですがね」

商人として、マルコが相手を試す為に高額の商品を提示する。

失礼といえば、失礼な話だが、その後の商売の為には有効な方法であった。

「商品に見惚《みと》れる客、買うなんて無理だと叫《さけ》び憤《いきどお》る客、無表情の客、悲しそうに諦める客……客の反応は色々ですね。悪いが、私にはそれで客の器《うつわ》の大きさが分かりますから」

「お前……相変わらず性格が最悪だな。ま、知っちゃいるけどよぉ」

オルヴァは肩《かた》を竦《すく》めたが、マルコは何処《どこ》吹《ふ》く風《かぜ》である。

「過分な褒め言葉として受け取っておきますよ。だけどあのルウ様の態度を見ましたか？　あの古代竜以上の素材をしれっと出してこれで鎧を宜《よろ》しく、なんて言いましたよ……驚《おど》ろきました、あんなお客様は初めてです」

「確かにな、奴はある意味……いかれてるぜ」

オルヴァはそう言うと豪快《ごうかい》に笑った。

「いかれてる……ですか？　ははは、確かに」

マルコも笑い、今度はエルダに向き直った。

「それよりエルダはさっき気分が悪そうだったがどうした？」

「ええ、やっぱりルウ様よ、彼のせい……」

「ルウ様のせいでエルダの気分が悪くなったのか？」

マルコの心配そうな言葉を聞いたエルダは、ゆっくりと首を横に振る。

「違うのよ逆よ、逆！　懐かしかったの……ルウ様の雰囲気が……まるで爽《さわ》やかな風と乾《かわ》いたお日様の匂《にお》いがしたの……」

私が昔住んでいた山の村と同じだった！

草深い田舎《いなか》の村で華やかな王都と違って何も無いけれども……

「最近ちょっと疲《つか》れていたけど、ルウ様のお陰《かげ》で元気が出たの」

エルダは嬉しそうに笑った。

そして自らを奮《ふる》い立たせるように、大袈裟《おおげさ》に腕《うで》まくりすると大きく頷いたのである。

「私が頼まれた法衣《ローブ》と平服、頑張って少しでも早く仕上げてあげないとね」

そう言うとエルダは仕事部屋に戻《もど》って行った。

エルダの気合が入った後ろ姿を見送りつつマルコは思う、本当にルウは不思議な男だと。

懇意《こんい》にしているドゥメール伯爵家《はくしゃくけ》の令嬢《れいじょう》であり、上客なのだがフランシスカは気難しい。

そんな彼女があれだけルウに気を許しているのが、マルコには何となく分かる気がした。

「よっしゃ！　俺もエルダに負けないよう一世一代のすげぇ鎧《よろい》を作ってやるぜ」

オルヴォもエルダに刺激《しげき》されたのだろうか、肩をゆすって別室へ向かった。

エルダほどではないがマルコも先程から奇妙《きみょう》な感覚に囚われている。

何か待ち遠しい、わくわくする。これって何だ？

オルヴォとエルダはウチの商会専属の一流職人だ。そのふたりが初対面のルウにこれだけ興味を持つとは不思議だ！　それで私も彼にとても興味が出て来たのか？

マルコはルウの顔を思い浮かべながら、思わず笑みを浮かべたのであった。

# 第23話「親近感」

ルウとフランはミシェル・エストレとオルガ・フラヴィニーを連れて王都を歩いている。

ふたりの少女は無言であった。借りてきた猫のように大人しい。

「商会ではあんなに待たせて悪かったわね」

「い、い、いいえぇ！」

ミシェルがぶんぶんと首を横に振る。さらさらの金髪《きんぱつ》が揺《ゆ》れている。

フランの労《いたわ》りの言葉にも噛んでしまうほど緊張しているのだ。

「貴女達、もう寮《りょう》に戻るの？」

「は、はいっ！　途中《とちゅう》でお昼を食べてから帰りますのでっ！」

今度はオルガが異常に早い口調で返事をした。明らかにいつものオルガとは違う。

フランが満面の笑みを浮かべる。

「じゃあ丁度良いわ。皆で一緒にお昼を食べましょう」

「え、ええ～っ！」

「こ、校長先生！　そ、それはっ!?」

ミシェルとオルガはあからさまには嫌な顔はしなかったが、明らかに腰《こし》が引けていた。

ルウとフランとは別行動をとりたそうにしているのだ。

ふたりの少女が、出来るだけ早くこの場から抜《ぬ》けたがっているのは明らかであった。

「良いじゃない、ねぇ、ルウ」

「はい、フランシスカ様、食事は大人数で食べた方が美味《おい》しいです」

外見上の主従になってすぐのルウとフランではあったが、息はぴったりと合っている。

こうなると生徒であるミシェルとオルガには断る術《すべ》などありはしなかった。


フランが皆を連れて来たその店は、瀟洒《しょうしゃ》な造りの垢抜《あかぬ》けた雰囲気を持つ店であった。

看板に『薫風亭《くんぷうてい》』とある。

「こ、ここですか？」

「こんなレストラン、来た事ないです」

学生寮《がくせいりょう》暮らしのふたりは、殆《ほと》どの食事を学生食堂で摂《と》っていた。

外食してもカフェでお茶を飲むくらいである。

「ランチなら大丈夫《だいじょうぶ》よ、それにこれは授業の一環ですから」

フランがにっこりと笑う。ルウもにこにこして頷《うなず》いている。

先生ふたりと昼食を摂るのが授業といわれたふたりは怪訝《けげん》な表情となる。

「これが授業……ですか？」

「授業？　一体これのどこが？」

フランの意図はミシェルとオルガには、まるで理解出来ないようだ。

「まあ、良いわ。じゃあ、入りましょう」

フランは早く早くと子供のように皆を急《せ》かしながら店に入ったのであった。


「すっごく美味しかったで～す！」

「絶対また来たいで～す！」

食事前の表情とは一変したミシェルとオルガは、デザートのケーキを頬張《ほおば》りながら夢見心地である。

「ふふふ、良かったわね。でもルウだけはもう少し食事マナーの勉強をしないとね」

「ははっ、済まないな。俺は田舎者なんだ」

フランに軽く叱《しか》られたルウは穏やかに笑う。

美味しい食事もして、すっかり緊張が解けたミシェルが遠慮《えんりよ》がちに聞いて来る。

「あのう……フランシスカ先生。私達とだけ、このように素敵《すてき》な食事をして問題にはならないんですか？　他の子達から贔屓《ひいき》とか言われませんか？」

「全然問題にならないわよ」

ミシェルの質問に対してフランは自信たっぷりに答え、言葉を続けた。

「これは淑女としての食事に慣れる為の授業。希望者が居れば、随時《ずいじ》受けてあげるわよ」

「淑女としての食事？　……ああっ⁉　そうか！」

今度はオルガが納得したように叫んで手を叩いた。

「駄目よ、オルガ。今ので減点１０点ね。お店で騒《さわ》いじゃ淑女じゃないわ」

フランはオルガを見ながら悪戯っぽく笑う。

「ぜひ教えていただけますか？　フランシスカ先生」

今度はミシェルが笑顔《えがお》で話し掛けて来た。

「ええ、貴女達はこれからいろいろなお店で食事をする事になるわ。今日はその実地練習

ね。実はブランデル先生のマナー練習も兼《か》ねているの」

フランはそう言うと面白そうに笑った。

少女達はそれを聞いて安心したように紅茶を啜《すす》っている。

「貴女達、良い機会だからブランデル先生に自己紹介したら」

フランがミシェルとオルガに対してルウに改めて挨拶《あいさつ》するように勧めた。

「は、はいっ！」

「そうですねっ！」

「元気が良いけど、この店では駄目ね。ふたり共また10点ずつ減点よ」

フランにそう言われた少女達は「しまった！」という表情で声を潜め、改めて名乗った。

「ミシェル・エストレです。魔法《まほう》女子学園2年C組、将来は王都騎士《きし》志望です」

「オルガ・フラヴィニーです。ミシェルと同じく2年C組で王都騎士志望です」

「俺はルウ、ルウ・ブランデル。ミシェルにオルガ、よろしくな」

「ブランデル先生は私と教頭先生の推薦《すいせん》で入る臨時の先生なの、詳《くわ》しい事はまだ未定よ」

最後にフランが口を挟《はさ》む。

ルウに関して母アデライドが言った通り、自分と教頭の推薦だという事を強調したのだ。

「ええっ⁉　あの教頭先生の推薦？」

「本当ですかっ⁉」

吃驚《びっくり》するふたり……やはりケルトゥリは、あのきつい性格から学園での名物教師らしい。

ルウは微笑み、それを機に益々《ますます》４人の話は弾《はず》んだ。

王都騎士志望のミシェルとオルガは、何とフランの受け持ちクラス２年Ｃ組の生徒であった。

何故ふたりが、王都騎士を目指すのか？

このヴァレンタイン王国では、騎士隊の中でも王都セントヘレナを守護する王都騎士隊は花形であり、更《さら》に魔法が使える魔法騎士《まほうきし》は特別な存在とされているからだ。

またミシェル達は女性なので王妃を始めとした王家や上級貴族など女性要人の警護が主な任務として命じられる場合も多い。

そうなると女性騎士本人もエリートとして目されるのであり、出世の糸口となる。

元々、貴族の女性要人警護が慢性的《まんせいてき》な人手不足となっているのも女性王都騎士がエリートである事に拍車《はくしゃ》をかけていた。その証拠に伯爵令嬢《はくしゃくれいじょう》であるフランの警護でさえ、同性である女性の王都騎士が担当する事は殆ど無い。

そもそも女性の騎士は男性に負けないくらい武技に長《た》けていなくてはならない。

また警護役に関しては容姿やスタイルも重要視されていた。

更に魔法が使える女性魔法騎士ともなれば非常に重宝され、要人達の中で奪《うば》い合いに近いくらい引く手数多《あまた》となる。

元々武技に優れていた騎士爵の娘《むすめ》であるミシェルとオルガは魔法の才能があると判明した時点で魔法女子学園を受験し、女性魔法騎士への道を目指す事にしたのである。

しかし、入学して順風満帆《じゅんぷうまんぱん》かと言うとそうでもないらしい。

実は明後日から行われる春期講習にはミシェル達も参加する。

武技はともかく、周囲には魔法の才能に長けた者が多く、プレッシャーが半端《はんぱ》ではないという。魔法の知識習得や発動において、少しでもスキルアップしておきたいのが参加理由との事であった。

そしてルウとフランが気になったようにミシェル達もお年頃《としごろ》の女子。女性教師が殆どの魔法女子学園に、新たな若い男性教師が入るのはとても刺激になるのだ。

「そうか！　フランシスカ先生と一緒って事はルウ先生が副担任になってくれるの？」

「本当？　ルウ先生？」

食事をして打ち解けたせいか、いつの間にかふたりのルウへの呼び方が変わっていた。

ルウは曖昧に笑うしかないが、代わってフランが答える。

「とりあえず春期講習の間はね、最終的には理事長や教頭の意見も入れての決定になるわ」

「でも楽しみです！」

「やったぁ！」

オルガ達は心の底から嬉《うれ》しそうである。笑顔が弾《はじ》けている。

フランは思う、ミシェルとオルガのこんな様子は今までは見られなかったと。

そんな事を考えていると、いきなりふたりから謝罪された。

「私達、フランシスカ先生の事をとても誤解していました、御免《ごめん》なさい！」

「そうです！　今迄《いままで》、真面目《まじめ》に授業を受けなくて申し訳ありませんでした」

フランは、ミシェルとオルガを見て呆気《あっけ》に取られている。

「ふたり共、本当のフランシスカ様を存じ上げなかったと仰《おっしゃ》っていますよ」

ルウが穏やかな表情でそう言うと、ミシェルとオルガは強く頷いた。

「そうです！　フランシスカ先生が私達生徒に対してこんなに優しくて気さくな方なんて
……授業で分からない事、これからどんどん質問させて貰《もら》って良いですか？」

「私達は絶対、女性魔法騎士になりたいんです！　鍛《きた》えて下さい！　頑張《がんば》りますから！」

フランに対して、目をきらきらさせながら勉学と将来の希望を語るミシェルとオルガ。

そんなふたりを見て、フランもワクワクして来た。

私、生徒から、今までで初めて頼られた！　嬉しいっ！

フランは今、生まれて初めて教師としての幸せを味わっていたのであった。

# 第24話「幸福」

フランは初めて会った時より格段に美しくなった……ルウはそう思う。

背中の半ばまで伸びたさらさらの金髪が揺れ、透き通るような碧眼《へきがん》がルウを見詰める。

すっきり通った鼻筋の下にある桜色をした小さな唇が動き、楽しそうな言葉が次々と発せられる。

肌《はだ》は抜けるように白く、ルウと話す時にだけ頬には僅《わず》かに朱《しゅ》が差しているのだ。

道行く男達が皆振《みなふ》り返《かえ》る程《ほど》、今のフランは輝《かがや》いている。

だがその美しい女の傍《かたわ》らには長身痩躯《そうく》の男が居る。道行く男達の熱い視線は一転して羨《せん》望《ぼう》と憎《にく》しみの視線に変わった。

ルウはそんな男達の視線からフランを守るかのように歩く。

やがて屋敷《やしき》に到着《とうちゃく》すると正門に詰めていた若い王国騎士が敬礼をし、ルウとフランはそれに応えて各自の私室へ戻ったのである。

1時間後……ルウの部屋のドアがリズミカルにノックされた。

「ルウ、良いかしら？」

ドアの外から掛かった声の主はフランであった。

「ああ、良いぞ」

ルウが立ち上がり、ドアを開けるとフランが部屋の中へ滑《すべ》るように入って来た。

「明後日からの春期講習の摺《す》り合せをしたいのだけれども」

「おう！　貰った教科書とかいう本は、昨夜読み込んで全部覚えたぞ」

「え!?　ひと晩で!?　ぜ、全部……覚えた……の？」

こともなげにいうルウに、フランは呆れ顔だ。

教科書全部って、１０冊以上あった筈《はず》だけど……

さすがね、というかルウには悪いけど……やっぱり変な人……

フランは苦笑《くしよう》すると、一応説明を始める。

「基本となる教科書は魔法学のⅠからⅢだわ。明後日の講習は先程《さきほど》のふたり同様、新２年生対象で実際には２年Ｃ組の生徒に対して講習を行うの。内容は、魔法学Ⅰの復習ね」

全《すべ》ての人間は大なり小なり魔力《まりよく》があり、魔法使《まほうつか》いの素質を備えている……

この大陸では有名な魔法使いの言葉らしいが、更に本職《プロ》としての魔法使いを養成するのがヴァレンタイン王国において男女別に創立された魔法学園だ。

その魔法学園の最初の教科書である魔法学Ⅰはこのヴァレンタイン王国全ての魔法使いの入門書と言っても良い。

まずは精神の安定を保つ為《ため》のリラクゼーション、そして魔法を発動させる為の集中力と想像力を鍛える方法の項から始まり、初歩の魔法式を使用して生活魔法を習得しながら各自の属性における魔法適性を見極めるまでの本なのである。

ちなみに生活魔法とは文字通り、火を起こしたり飲み水を発生させたりする初級魔法だ。生活魔法がある程度発動出来るようになる頃《ころ》、魔法使いは自分の魔法適性が見えて来る。

では魔法適性とはいったい何か？

人間は生まれた時から魔法適性と呼ばれる魔法の素質が設定されているという。

例えばアデライドは火の魔法適性と風の魔法の準適性を有していて、フランも同様である。この魔法適性によりアデライドとフランのふたりは基本的に『火の魔法使い』と呼ばれる存在となる。

ではそう呼ばれるほど、魔法適性は何故《なぜ》重要視されるのか？

実は発動の難易度や効力に直結するからである。

魔法適性以外の属性魔法の発動は不可能ではないが、適性の無い魔法発動は魔力も通常より多く消費し、その上効能効果が著《いちじる》しく落ちてしまうのだ。ごく稀《まれ》に２種類の魔法適性を持つ者が出現して複数属性魔法使用者《マルチプル》と呼ばれるが、とても貴重な存在とされている。

複数属性魔法使用者《マルチプル》でさえ稀少なので、ルウのように全ての属性魔法が制限なく発動出来る全属性魔法使用者《オールラウンダー》が存在する可能性はゼロに等しいと言われているのだ。

「最初は全員が生活魔法習得に集中するのだけれども、それだけじゃ飽きて学習意欲に欠ける子も出て来るから」

フランは笑顔で説明を続ける。

「魔法学Ⅱに関しては最初の部分だけ予習という形で講習を行うの」

２年生になって使用する魔法学Ⅱは各自の魔法適性をほぼ見極めたという前提で、応用の魔法を教授する本である。

魔法式を使用した円滑《えんかつ》な詠唱《えいしょう》による中級魔法、初歩的な使《つか》い魔《ま》の召喚《しょうかん》などの知識習得と実践《じっせん》、そして精霊魔《せいれいま》法《ほう》を含《ふく》めた異教の魔法などの理解を深める内容だ。

ちなみに３年生になって使用する魔法学Ⅲは上級魔法全般の理解がテーマとなっている。

他にも２年生になってから初めて学ぶ専門科目各種があり、学生が自分の適性や希望により判断して卒業時まで受講する。

魔《ま》法攻撃《ほうこうげき》術、魔《ま》法防御《ほうぼうぎょ》術、上級召喚術、錬金術《れんきんじゅつ》、占術《せんじゅつ》、そして今一番人気のある職業となった魔法鑑定士《かんていし》の資格を得る為に学ぶ魔道具研究術などだ。

ひと通り、フランの説明を聞いたルウはほぼ理解した様子であった。

「爺《じい》ちゃんのやり方とはだいぶ違う部分があるけれど、魔法学を含めて皆《みな》、良い本だと思うぞ。俺も良い復習になった」

「じゃあ、魔法の発動自体はどう、やれそうかしら？」

「ああ、前にも言った通りだ。魔法式を使う魔法は一応発動してみてからだけど、多分詠唱あり、無詠唱どちらでも大丈夫！　全部の魔法を発動出来ると思う」

「はぁ……」

フランは溜息《ためいき》をはいた。ルウが相変わらず規格外であるからだ。

教科書の内容を全て覚えた上に、記載《きさい》されている魔法も無詠唱で発動出来ると言い切るなんて……

「ずるいわ、ルウ」

フランはつい愚痴《ぐち》が出てしまう。

自分とは違う、ルウの桁外《けたはず》れな魔法の才能をはっきりと感じてしまうのだ。

落ち込んだフランを慰《なぐさ》めるように、ルウが穏《おだ》やかな表情で口を開いた。

「でもフランだってまだまだ素質が眠《ねむ》ったままだぞ。魔力も増えるだろうし、今なんかよ
り、もっともっと凄い魔法使いになれるから頑張れ」

フランは驚いて、大きく目を見開いた。

え？　今、何て⁉　私にまだ魔力の伸《の》びしろがあるの？

それに、もっともっと凄い魔法使いって……一体何⁉

基本的に人間は16歳《さい》くらいで体内の魔力量が確定すると言われており、以降の学習により眠った才能をどう発揮させられるかが鍵と言われている。

フランは記憶《きおく》を手繰《たぐ》ってみた。自分の魔力量は16歳の時にこの学園の魔力測定機で測ってから数回確認《かくにん》したが、現在に至《いた》るまで変わっていない……

それが何故、魔法使いとして伸びる要素があるのだろう？

疑問で頭が一杯《いっぱい》になったフランはもう我慢《がまん》が出来なかった。

「どうして……分かるの⁉　何故、分かってしまうの！」

「おお、どうしてって言われてもなぁ、フランの魔力波《オーラ》で分かるのさ……安心して良いぞ、凄い魔法使いになれるから！」

「…………」

「フラン、自信を持て！　お前の素質を目覚めさせる為に俺も力を貸すからな」

ルウはフランの肩をぽんと叩いた。

屈託《くったく》の無いルウの笑顔は、フランの不安を消して行く。

もう、もうっ！　この人はっ！

私がこんなに喜ぶ事を言ってくれる！　私をこんなに幸せな気持ちにしてくれる！

フランはまた最初に命を助けて貰った時のような気持ちになる。

やばい！　私ったら、ルウへ思い切り甘《あま》えたくなって来た！

ええっと……良いよね！　ここは私の家なんだから！

職場である学校ではさすがにまずいけど……ここでは！

フランはルウを見詰めた後、彼《かれ》の胸に顔を埋《うず》めた。

ルウも何も言わずにフランを黙《だま》って抱《だ》き締《し》めた。

くんかくんか……フランはまたついルウの匂《にお》いを嗅《か》いでしまう。

風と日向《ひなた》のお日様の匂いがする……

奇《く》しくもフランはあの仕立て職人のエルダが言った言葉をそのまま心の内で呟いていた。

フランは間近でルウの顔が見たくて、ゆっくりと顔を上げる。さらさらな金髪が揺れ、切なそうにルウを見る碧眼が濡《ぬ》れたように輝き、柔《やわ》らかな桜色の唇《くちびる》は少し開いた。

フランは目を閉じて、顔をそっとルウへ近づけて行く。

ルウは何も言わずフランを抱き締めると、そっと唇を重ねていた。

キスして……フランは、そうせがんでいたのであった。

# 第25話「駆除」

フランはルウに抱き締められて満足したらしい。

「おやすみなさい」と笑顔で挨拶して自室へ戻って行った。

それから……長い時間が経ち、今は深夜といえる時間帯……そろそろ日付が変わる頃だ。

ルウの部屋は現在魔法で施錠《せじょう》され、外からは誰《だれ》も入れない。

これからルウは、今は亡《な》きアールヴのソウェル、シュルヴェステル・エイルトヴァーラの教えを守ろうとしていた。

昼間懲《こ》らしめたラザール・バルビエの子分達《たち》が、憎悪《ぞうお》に満ちた眼差《まなざ》しを向けていた事も気になっていたからだ。

師シュルヴェステルが教えてくれた教えとは……

全ての場所において森を基準として考えろという戒《いまし》めである。

森にはいろいろな顔がある。昼もあれば夜もあり、表もあれば裏もある。

食物連鎖など様々な因果関係が絡《から》んで森という生態系が成立しているというのだ。

元々森の民《たみ》であるアールヴは、森に棲《す》む精霊《せいれい》、魔族は勿論《もちろん》、魔物《まもの》や獣《けもの》など多種多様な者達に関わり生きて来た。

いかなる種族の暮らす街や村も、所詮《しょせん》は森と同じなのだと師は言った。

暫《しばら》くでも腰を落ち着けるのであれば、当然『森』の状況《じょうきょう》を極力把握《はあく》すべきだろう？

そうじゃないと「おちおち眠れないな」と師は笑っていたのだ。

ルウに用意されたドゥメール家の部屋は２階召使《めしつか》い部屋の一角にある。

外は無風、空は雲も全く無く満天の星が輝いている。

部屋の窓を静かに開け放ったルウはベッドに横たわると、高く低く言霊《ことだま》を唱え始めた。

「夜の帳《とばり》が下り、現世《うつしよ》との狭間《はざま》に現れし混沌《こんとん》たる異界よ。我は御業《みわざ》により猛《たけ》き精霊となりて旅立つ。御業《みわざ》とは明けの明星と呼ばれ、使徒達の長を務め、この地に堕《お》ちた者の偉大《いだい》なる御業なり。我、既に加護を得たる者にて、御業を使いこなす者。さあ開け、異界への門よ」

ルウの魔力が高まり、一瞬《いっしゅん》の溜《た》めの後に決めの言霊《ことだま》が放たれる。

「精霊化《スピーリトウス》！」

魔法を発動させたルウの姿が一瞬にしてかき消えた。

ルウが使ったのは自分の魂《たましい》と肉体を一瞬にして精霊化する禁呪《きんじゅ》である。

これから、王都を取り巻く異界へ赴《おもむ》く為に使用したのだ。

部屋に精霊化したルウが浮《う》かぶと、すかさずルウの傍らに何者かが寄り添う。

腰までの長い金髪に碧眼、目鼻立ちの整った顔、細身の身体に透明な光沢《こうたく》のある布の衣を纏《まと》っており、この世のものとも思えぬ美しい女であった。

しかし表情が険しい。

『ははっ、何だか機嫌《きげん》が悪そうだな』

現れた女は風の精霊……シルフであった。

シルフは険しい表情を変えずに首を横に振り、ルウをじっと見上げる。

『分かった、シルフ。皆と一緒《いっしょ》に異界へ行ってくれるんだな』

ルウが意思を伝えるとシルフが初めて笑顔を見せ、ゆっくりと手を挙げた。

部屋に一陣《いちじん》の風が吹き、ルウとシルフの気配は消えたのである。


姿を消したルウはドゥメール伯爵邸《はくしゃくてい》の真上に居る。

精霊となったルウは、普段《ふだん》生活している現世《うつしよ》とは僅かに違《ちが》う次元に存在していた。すなわち異界と呼ばれる異次元の世界のひとつである。

これからルウが向かう異界には現世とは違う住人が多数存在しており、多くは幽霊《ゴースト》やファントムと呼ばれる思念体だ。

そもそも思念体とは魂の残滓《ざんし》に過ぎない。

人間を始めとした生物が死を迎《むか》える時、魂と呼ばれる精神体を肉体から切り離《はな》し、精神体自体は死の瞬間《しゅんかん》に冥界《めいかい》へ旅立つと言われている。

しかし現世に対する未練や遺恨《いこん》などの思いが強すぎると、精神体の一部が残滓として残り、それが思念体となって浮遊もしくは地縛《じばく》の霊として現世の人間に災《わざわ》いをもたらす事があるのだ。

そのような思念体である幽霊達《ゴースト》には僅かながら自我《じが》がある。

自分達に対して相手がどのような存在なのか識別する本能は強いらしい。

不完全な自分達に比べて上位の精神体である精霊ルウが近づくと、数体の幽霊が敵意と殺意を剥《む》き出《だ》しにして襲いかかって来た。

『ふ！　おぞましき悪霊共か……去れ！』

ルウの身体が眩《まばゆ》く光ると、幽霊達は一瞬にして消失してしまう。

葬送魔法《そうそうまほう》、鎮魂歌《レクイエム》を無詠唱で発動させ、あっさりと消滅させたのだ。

そんなルウを敵と見なした新手の幽霊達がまたもや襲いかかろうとした。

『この際だ、王都の澱《よど》んだ瘴気《しょうき》を掃除《そうじ》しておこう』

ルウの静かな声と共に、辺り一体が昼間のように輝く。

光が満ちると同時に周囲の幽霊達は全て消え失《う》せていた。

ルウの傍らに付き従うシルフがふっと微笑《ほほえ》む。

どうやら機嫌が完全に直ったらしい。

ルウはシルフに微笑み返すと、王都セントヘレナの遥《はる》か上空を進み、ラザール・バルビエの子分達が放つ魔力波《オーラ》の位置を探《さぐ》る。

『あそこか？』

ラザールの子分達の反応は、王都の南門から向かって左の職人街区の更に奥《おく》……

いわゆる貧民街《スラム》と呼ばれる地区にあった。

ルウとシルフは彼等《かれら》が居ると思われるその場所へ、真《ま》っ直《す》ぐに降りていった。


ここは貧民街の、とある家の地下室……

愚連隊蠍団《ぐれんたいスコーピオンズ》のアジトである。

蠍団は先日街中でフランに絡んだラザール・バルビエに大金で雇われ、悪事を働く手足となっていたのだ。

「ふん！　ラザール・バルビエはその糞餓鬼《くそがき》に脅《おど》されてお前等をクビにしたって事か？　とんでもない腰抜《こしぬ》けだぜ。所詮は貴族のボンボンって事か」

「へい！　それどころか、首領《おかしら》。奴《やつ》は何を考えているのか、とち狂《くる》って自首。衛兵隊へ駆け込みやがり、洗いざらい白状した様子ですぜ！」

昼間にバルビエと一緒に居た子分のひとりが憎々しげに言う。

首領と呼ばれたのは酷薄《こくはく》そうな人相の髭面《ひげづら》の中年男であった。

「むう、そうなるとお前達に衛兵隊の手が伸びて、この蠍団がやばくなる事も考えられるな」

「ええ、おかしら！　ど、どうしましょう⁉」

「お、俺達《おれたち》、捕《つか》まるのかよぉ⁉」

腕組《うでぐ》みをして考え込む首領に、動揺《どうよう》する子分達。

暫《しば》し考えた後に、首領はこれからの方針を決めたようだ。

「お前達をほとぼりが醒《さ》めるまでバートランドへ逃がす。それに糞餓鬼へのお礼参りは当然やる。話によれば、餓鬼と一緒に居た伯爵令嬢というのは、すげぇ上玉だそうだな」

「へい！　あれはさらって他国へ奴隷《どれい》として売れば、バルビエから貰っていた金以上になると思いやすぜ」

昼間、穴の開くほどフランを見詰《みつ》めていたのであろう。

後ろに控えていた子分が好色そうに舌なめずりして首領に相槌《あいづち》を打った。

「ははは、引っさらったら、今までの奴隷同様、思う存分いたぶって犯し尽くしてから売ってやるか？」

「ひひひ、ぺろぺろだぁ」

「へへへ、ぴちゃぴちゃってか」

「ふひひひ、ねちょねちょしちゃえ」

「はっははは！　またまた楽しめそうだな！」

首領の下卑《げび》た笑いにフランの犯される有様を想像したのか、子分共からも同様の笑い声があがる。

『許せんな……』

いきなり蠍団共の頭の中へ何者かの声が響《ひび》く。

「は？　な、何者だ！」

「この部屋には俺達以外誰も居ませんぜ！」

謎《なぞ》の声に動揺する蠍団の者共。

周囲を見渡《みわた》す子分共であったが、そのうち首領が命令する。

「おい！　扉《とびら》を開けてみろ」

外に誰か居ないか、確かめろというのであろう。

しかし指示された子分は命令を遂行《すいこう》する事が出来なかった。

「おかしら！　と、扉が！　扉が開きません！」

『お前らの魔力《オーラ》波から記憶をたどらせて貰った……あの貴族の少年以上に随分《ずいぶん》、悪事を働いているみたいだな』

首領はハッとした。

声の主が何者か、思い当たったようである。

「て、てめぇ！　もしかして子分達が言っていた餓鬼か？　ま、まさか魔法か何か使っているのか？」

その瞬間であった。

「うぎゃ～っ！」

首領の革鎧《かわよろい》の胸が、いきなりずたずたに切り裂かれ、大量の血が迸《ほとばし》る。

風の精霊《シルフ》が、大いなる風の力を発揮したのだ。

「あああおおおっ」

血だらけになって呻《うめ》く首領を見て、パニックに陥《おちい》る子分共。

「ひいいいっ！」

「うわあああっ」

『お前等は最低の毒虫さ。この王都という森で何の役にも立たない害虫なんだ。存在自体が迷惑《めいわく》でしかない。俺《おれ》はそんな害虫を絶対に許せない性質《たち》なんでな』

冷たい声が静かに響く――首領の指摘《してき》通り声の正体はルウであった。

切り裂かれた首領が苦痛に呻く中、今度は子分のひとりがいきなり首を刎《は》ねられた。

意思を無くした子分の胴体が２歩、３歩、蹈鞴《たたら》を踏んでどうと地に倒れる。

こうなると蠍団の男達は完全にパニックへ陥った。

我先に扉に体当たりしようとする者、仲間を押《お》しのけて逃げようとする者がいるが、今度は見えない壁《かべ》に弾《はじ》かれてしまっている。

逃《に》げられないように部屋の中へルウが魔法障壁《まほうしょうへき》を張ったのだ。

びしっ！

いきなり大気が凍《こお》った。

無数の氷柱《つらら》が一斉《いっせい》に男達へ降り注ぐ。

「ぎゃあっ」

「ぐわっ」

「ぐえ！」

「あぐおうっ」

氷柱の鋭《するど》い切っ先が次々と身体を貫《つらぬ》き、男達は蜂《はち》の巣のようになって絶命した。

いつの間にか、栗色の長い髪をなびかせた美しい女性が腕組みをして宙に浮いている。

水の精霊……ウンディーネが氷柱の雨を降らせたのだ。

部屋の中で、もはや生き残っているのは最初に身体を切り裂かれた首領のみとなった。

その首領も傷口からの出血が激しく、意識は朦朧《もうろう》としているようだ。

「ぐ、はぁ……な、な、何故⁉」

『俺には、お前らにいたぶられ、奴隷として売られて死んだ女達の悲鳴、慟哭《どうこく》が聞こえて来た……』

「え⁉」

『俺の大事なフランをそんな目に遭《あ》わせるわけにいかないからな……』

ルウが低く呟《つぶや》いたその瞬間、首領の身体全体が激しく燃え上がる。

「があああああっ！」

『これでお前はジ・エンドだ。潔く冥界の最下層へ堕ちるがいい』

ルウは一瞬のうちに消し炭になった首領をじっと見詰めていた。

一方的な殺戮《さつりく》は終わり、部屋には蠍団の男達の死体が散乱している。

火の精霊である小さな火蜥蜴《サラマンダー》が一体、ルウの肩《かた》にとまっていた。

蠍団の首領に止《とど》めを刺《さ》したのはこの火蜥蜴に違いない。

『ヴィヴィ！』

ルウが呼ぶと、いきなり何も無い空間から、煉瓦《れんが》色の革鎧を身に纏った身《み》の丈《たけ》１２０㎝程の小柄《こがら》な少女が現れた。愛くるしい顔立ちをしたこの少女こそ、地の精霊《ノーム》の女性型であるノーミードである。

『こいつらを異界の地の底深く埋《う》めてしまえ……血の痕《あと》も一緒にな』

ヴィヴィと呼ばれた精霊の少女は「にっ」と笑って頷《うなず》くと、小さな手を床《ゆか》にかざす。

床に真っ暗な穴が開き、男達の死体がどんどん吸い込まれて行く。

全ての死体と血痕《けっこん》が消え失せると、少女は親指を立ててまたもや「にっ」と笑い、かき消えるように居なくなった。

同時に少女が作り出した不思議な穴も、いつの間にか跡形《あとかた》も無く消え去っている。

『よくやった、ヴィヴィ。そしてお前達もだ、本当によくやったぞ』

ルウが精霊達《せいれいたち》の方を向き、にっこりと笑った。

サラマンダーは嬉しそうに舞《ま》い、シルフもウンディーネも笑顔《えがお》で親指を立てる。

満足したようにルウは頷き、親指を鳴らした。

するとルウ達の姿は一瞬にして消え失せ、部屋には誰も居なくなった。

とある貧民街の地下室は、何事もなかったかのように永遠の静寂《せいじゃく》に包まれたのである。

# 第26話 「召喚」

翌朝……フランが不機嫌《ふきげん》そうな顔をして起きて来た。

使用人が起こしても、フランは中々起きなかったので、ルウとアデライドは先に食事を始めている。

「フラン、一体どうしたの？」

アデライドが笑いながら、不貞腐《ふてくさ》れた表情の愛娘《まなむすめ》に聞く。

ルウは相変わらず穏やかな表情でゆっくりと食事を摂《と》っている。

「もう少し起きていて、ルウと魔法《まほう》談義をしていたかったのよ」

案の定、大した理由では無い。今のフランには寝《ね》ている時間も惜《お》しいようだ。

フランが口を尖《とが》らせているのを見て、アデライドは思わず苦笑いする。

「それより授業の準備はどうなの？」

「それがね……ルウは凄《すご》いのよ！　学園で使う教科書の内容をすぐに覚えてしまったの。それどころか、魔法式も全て覚えたのよ！」

フランは昨日受けた衝撃《しょうげき》を一気に捲《まく》し立てた。

さすがのアデライドも、ルウの異常なまでの学習能力を聞いて呆気に取られている。

ルウ……貴方《あなた》はやっぱり凄過ぎる。次期ソウェルに指名されたのは当然ね。

アデライドは無理矢理《むりやり》自分を納得《なっとく》させたが、逆にルウに聞いてみたくなる。

「ところでルウはどの科目を生徒へ教えてみたいの？」

「………………」

アデライドの言葉を聞いたルウは首を傾《かし》げて明言を避けた。

「どうしたの？」

思わず聞いたアデライドに対して、ルウは穏やかに答える。

「何でも良いですよ、俺」

何でも良いとは、どうしたものだろう？　自分の主張が無い所が唯一《ゆいいつ》の欠点なのか。

アデライドは少し可笑《おか》しくなった。

「間違《まちが》い無《な》いのは魔法攻撃術ね！　多分、魔法防御術も凄いのでしょう？　ルウ」

アデライドが突っ込んでもルウは微笑んだまま答えない。

質問に対して肯定《こうてい》も否定もしていないのだ。

「現在、専門科目で必要な教師は魔法攻撃術と上級召喚術ね。どう？　教えられる、ルウ？」

「ああ、それなら、両方大丈夫《だいじょうぶ》だぞ！」

「あら、じゃあ苦手な科目があるのね」

アデライドが悪戯《いたずら》っぽく笑い、フランがルウの手をきゅっと握《にぎ》ってせがむ。

「教えて」

「占術は出来なくは無いけど……ちょっと……」

「あはははっ」

言葉《ことば》尻《じり》を濁《にご》すルウを見て、場末の片隅《かたすみ》で開業する怪しげな占い師の風体《ふうてい》を想像したのであろう。フランが弾けるように大声で笑い出した。

「あらあら、食事中に大声で笑うなんて淑女《しゅくじょ》としてはあるまじき行為《こうい》よ」

娘《むすめ》を叱りながら、アデライドもにこにこ笑っている。

ルウも苦笑しているが、占術が心底嫌いという感じではない。

「専門科目の話は食事が終わってから研究室で相談しましょうね」

アデライドの指示でこの話題は保留となり、朝食後に話すこととなった。

朝食が終わり、ここはドゥメール伯爵邸、アデライドの研究室……

「ルウの教える専門科目の事だけど……魔法攻撃術と上級召喚術にしましょう」

アデライドはルウに担当させる専門科目を既に決めていたようである。

慎重《しんちょう》を期す為に、フランへ念を押す事を忘れない。

「但《ただ》し、ルウが全属性魔法使用者《オールラウンダー》だって事は隠《かく》さなきゃね」

「お母様、確かにそれは厳重に隠さないといけないわ！」

フランも母と全く同意見である。もしルウの力が露見《ろけん》するような事があれば、王家がルウを自分達にとって絶対に必要な人材と認定《にんてい》し、引き抜《ぬ》きに来る事は必然といえよう。

「それから、ルウ。貴方の得意な属性は何にしておく？」

アデライドの言葉を聞いたルウは、今までフランが見た中で一番困った顔をした。

フランは思わずくすりと笑う。

穏やかなだけでなく、たまには困惑《こんわく》した表情もするのかと思うと少し可笑しかったからだ。

「じゃあ私の判断で選ぼうか？」

選択《せんたく》を申し出たアデライドに、ルウは真剣《しんけん》な表情で首を振《ふ》った。

「ふたりに選んで貰《もら》って、万が一何かあったら困るからな」

「何かあったら困る？」

ルウの言葉にアデライドは首を傾げた。言っている意味が分からない。

「精霊達は基本的に自分が一番優れていると考えている。術者がさしたる理由も無しに順位をつけるのを嫌《きら》うのさ」

下手に茶化すと却《かえ》って精霊の恨みを買いかねないと、ルウは言う。

「それは困ったわね、でもとても興味深いわ」

アデライドは一見困惑の表情を見せながら、いつもの通り好奇心旺盛《こうきしんおうせい》のようだ。

「得意な属性は、やはり俺が自分で決めますよ」

ルウは暫く考えた後にそう告げた。

アデライドによれば学園に勤務する教師の魔法適性は水属性が一番多く、以降は地、風、火の順なのだそうだ。ちなみにあのケルトゥリはアールヴ族らしく地と水である。

結局、ルウは火の属性を適性とし、風の属性を準適性にする事にした。

「じゃあ、私達母娘と同じね。火属性の攻撃魔法《こうげきまほう》は？」

「教科書に載《の》っているものなら全部大丈夫だ」

「相変わらずね」

アデライドは肩を竦めて苦笑する。しかし公開出来る属性が決められるのであればアデライドとフランに異存があるわけもない。

「じゃあ魔法適性と攻撃魔法の件はこれで決まりね。次は上級召喚術だけど、ルウの召喚出来る対象って何？」

アデライドがルウの召喚対象を具体的に聞くのは、彼の召喚魔法《しょうかんまほう》の実力を知りたいからだ。ルウに上級召喚術の授業を任せるのであれば、任命責任者としては当然の考えである。

ヴァレンタイン魔法女子学園では2年生になってから召喚魔法の基礎《きそ》授業がある。

まずは低位の使い魔レベルを生徒に召喚させて、召喚魔法の才能を見極める。

更《さら》に召喚魔法の才能があれば上級召喚者《ハイサマナー》を目指す事が出来る。

ルウが任される上級召喚術の授業は使い魔などより遥かに高位の魔族や魔物を召喚し、使いこなす技術を学ぶのだ。

だが上級召喚術は危険な魔法でもあり、召喚者の実力は厳しくチェックされる。

可能性は低いが、まかり間違って一召喚者より遥かに高位の存在を呼び出したりすれば、指示通りに制御《コントロール》するなどはまず不可能となる。

逆に召喚者が支配されてしまう怖《おそ》れがあるので発動を許可されないのが普通《ふつう》なのだ。

ちなみに使い魔とは、異界に存在する低レベルで本能的な自我を持った精神体《アストラル》であり、殆《ほとん》どが、かつて現世《うつしよ》に存在した小動物霊の魂だと考えられている。小動物霊は猫、犬、鳥など人間に飼育された愛玩《あいがん》動物が多く、野生動物の霊もときたま召喚されるがあまり高度な事は頼めない。

使い魔の主な役目は偵察《ていさつ》やメッセンジャー、簡単なお運びくらいなのである。

「ねえ！　ルウは普段どんな使い魔を呼ぶの？」

フランも、興味津々のようであり、ぜひ教えて欲《ほ》しいとせがんだ。

「いや、俺が召喚しているのは使い魔ではない」

魔法使《まほうつか》いは通常、自分の手の内全《すべ》てを見せない。いかにフランの願いとはいえルウも自分の召喚対象をこの場で全て説明する気持ちはなかった。

ルウが召喚している中には、人間社会において忌《い》み嫌《きら》われる存在も居るからだ。

人間社会の価値観に囚われない召喚者《サマナー》のルウとすれば来る者は拒まずで、やたら暴走せず、裏切らずに忠実に尽くしてくれる存在であれば邪険《じゃけん》にする謂《いわ》れは無い。

「わあ！　上級召喚術も教えられるくらいだから、凄い魔物？」

「まあ、凄いかどうかは何とも言えないな」

「何とも言えない？　一体何？」

ルウの召喚対象が想像出来ず、首を傾げるフランではあったが、次にルウの口から出た召喚対象の名前にはとても吃驚《びっくり》したのである。

「えええ！　ケ、ケ、ケルベロスに！　グ、グリフォンを⁉」

「まあ！　……確かにそれは使い魔とは言わないわね」

アデライドも思わず苦笑《くしよう》する。

ケルベロスは灼熱《しやくねつ》の炎《ほのお》を吐く冥界の強靭《きようじん》な魔犬、グリフォンは鷲《わし》の上半身と翼《つばさ》、黄色の逞《たく》しい獅子《しし》の下半身を持つ巨大《きよだい》な怪物《かいぶつ》だ。もしルウがそんな規格外の怪物を王都の中で召喚したら……『街は大騒《おおさわ》ぎさ』くらいでは済まないであろう。

事情を知らなければ、王都騎士隊《きしたい》を中心とした王国軍が討伐《とうばつ》の為《ため》に出動するのは確実だ。

「ル、ルウ、他のは？　……とても可愛《かわい》らしいのとか？」

フランがおずおずと聞いて来る。

ルウはしかめっ面《つら》をしている。

果たしてアデライドとフランへ告げて良いのか、思《おも》い悩《なや》んでいるようだ。

「う～ん、居なくもないけど普通の人が見てどうかなぁ？　俺から見れば絶対に可愛い奴だけどな」

「知りたいわ！　教えてっ！」

ここまで来たらフランはルウの召喚対象をどうしても知りたくなった。

フランに迫られてルウは苦笑しながら頭を掻《か》く。

「実は世間一般《いっぱん》から忌み嫌われる存在なんだ。ふたりが許容すると言うなら明かすよ」

「い、忌み嫌われる？　ま、まさか悪魔《あくま》とかじゃあないでしょうね？」

「う～ん、近いかもしれないなぁ」

ルウが口籠《くちご》もるのを聞いて、アデライドが問う。

「ルウって……まさか闇《やみ》の黒魔術や死霊術《しりょうじゅつ》も修めているの？」

「修めたというより理解はしている」

ルウは曖昧《あいまい》に頷いた。

アデライドの表情に少し影《かげ》が差すが、すぐ納得したというように頭を振った。

創世神の御業《みわざ》とも言われる葬送魔法を修めたルウは闇魔法《やみまほう》も行使出来るのだ。ルウは、やはりアールヴのソウェルが見込んだ底知れない力を持つ魔法使いなのだと。

その時であった。

「私はルウを信じているから構わないわ」

いきなりフランが大きな声で宣言したのである。

「ルウが信頼《しんらい》を置いて使役《しえき》しているのなら……きっと良い子よ！」

「分かった！　そこまで言うなら」

アデライドも黙って頷くが、実はフランとは違う理由で了解《りょうかい》したのである。

禁忌《きんき》を怖れるより、ルウが使う未知の魔法への憧憬《どうけい》が勝ったのだ。

ふたりが了解したので、もうルウは躊躇《ちゅうちょ》せず、一気に言い放つ。

「俺が使役しているのは夢魔《むま》、それも吸血鬼《きゅうけつき》に近い夢魔なんだ」

「えええっ⁉　む、夢魔で吸血鬼⁉」

さすがにフランは吃驚していた。

ルウからこれだけ前振りがあっても驚《おどろ》きを隠《かく》せない……とてつもなく想定外である。

夢魔で吸血鬼とは……人に害を為《な》す、とても怖ろしい怪物ではないか？

しかしルウの表情はいつものように穏《おだ》やかであった。

「ふたりの安全は俺が保証する。今ここで召喚《しょうかん》しよう」

ええっ⁉　どうしよう！　怖《こわ》い！　でも、でも私はルウを信じると決めたんだ！

フランは唇を噛むと拳《こぶし》を握り締めた。

アデライドは静かに目を閉じている。

ルウが息を整えると、召喚魔法の言霊《ことだま》を詠唱《えいしょう》し始める。

「現世《うつしょ》と常世《とこよ》を繋《つな》ぐ異界の門よ、我の願いにてその鍵《かぎ》を開錠《かいじょう》し、見栄え良く堂々と開き給《たま》え！　我が呼ぶ者が異界の途《みち》を通り、我が下《もと》へ馳《は》せ参じられるように！　御業《みわざ》とはかつて明けの明星と呼ばれ、使徒達の長を務め、この地深く堕ちたる者の偉大なる御業なり。我、既に加護を得たる者にて、御業を使いこなす者。さあ開け、異界への門よ！」
3人が居る目の前の床が眩く輝《かがや》いている。
ルウが召喚した魔族……夢魔が遂《つい》に現れるのだ。
その夢魔の召喚も気になる……が、アデライドはそれ以上、気になる事があった。
今、ルウが詠唱した言霊の一節だ。
明けの明星として輝きながら、地深く堕ちたる存在の加護……という部分である。
誰もが口に出来ない明けの明星とは……今や禁忌の言葉であった。
ルウは、あの恐《おそ》るべき堕ちた大魔王の加護によって守られている事になるのだ。
そんなアデライドの思いは目の前に現れた魔族の少女によって破られる。
「我が名はモーラル。ルウ様の配下にて現世《うつしよ》と異界を行き来する者なり……」
ルウの召喚により姿を現した少女は、厳《おごそ》かな声で名乗ったのであった。

# 第27話「下婢《かひ》」

「うふふ……ルウ様、お呼びでございましょうか？」

モーラルはシルバープラチナの髪を肩まで伸《の》ばし、鼻筋が通った顔立ちをしていた。

遠目から見れば10代半ばに見える人間族の美少女である。

しかし、ルビー色の瞳《ひとみ》と鮮《あざ》やか過ぎる真っ赤な唇《くちびる》……そして生気のない真っ白な肌《はだ》。

間近で見ると、すぐに魔族と分かる風貌《ふうぼう》であった。

「あら、貴女《あなた》方はルウ様とは、どのようなご関係でしょうか？」

モーラルはフランとアデライド達に気付くと、さも面白そうに聞いて来た。

「モーラル、この人達は今、俺の身内さ。アデライドさんとフランシスカさんだ」

ルウの言葉を聞いたモーラルは「くくく」と小さく笑う。

「へぇ！　もしルウ様の身内であれば、私にとっても身内となりますね。うふふ……それにしても……」

フランとアデライドをみつめる真っ赤な瞳の瞳孔《どうこう》がすっと細くなる。

「おふたりとも、とっても美味しそうな魔力《まりょく》ですこと……」

モーラルに見詰《みつ》められるとまるで魂《たましい》全《すべ》てが吸い込まれそうな雰囲気《ふんいき》だ。

フランは実感する……少女にとって自分は獲物《えもの》なのだと。

いきなりフランに歩もうとしたモーラルの前に、ルウが割って入る。

「モーラル、止《や》めろ。そして言葉遣《ことばづか》いを改めろ！　済まない、ふたりとも！」

ルウはモーラルを戒めた。

ぺこりと頭を下げたモーラルは数歩、後ろに下がる。

どうして？　と不満そうなモーラルは、ルウが謝《あやま》るのを見て僅《わず》かに眉《まゆ》をひそめた。

自分の為にルウが頭を下げたのがとても不可解だったのであろう。

モーラルを下がらせたルウは早速《さっそく》説明を始める。

「では改めて紹介《しょうかい》するよ。まずモーラルは何者かという事だが……」

先程《さきほど》ルウに叱られたモーラルはもう感情を表に出してはいない。

無表情であり、まるで精巧《せいこう》に造られた人形である。

「モーラルは吸血鬼ではあるが、本来は霊的な夢魔である一族の者なんだ」

ルウの説明を聞いて、フランはモーラルをじっと見詰めた。

先程感じた怖ろしい捕食者《ほしょくしゃ》という気配が、身体へぞくぞくと悪寒《おかん》を走らせるのが分かる。

この人は怖い！　でも……ルウが居る、私は平気だ。

フランはそう自分に言い聞かせると、ごくりと唾《つば》を飲み込んだ。

ルウが目配せすると、今度はモーラルが口を開く。

「はい！　まず吸血について説明致《いた》します。そもそも吸血鬼達《たち》が何故《なぜ》、血を吸うかと言いますと、血に含まれる魔力を直接自らの体内に取り込む為でございます」

モーラルの口調が全く変わっている。

「どうして？」とばかりにフランは大きく目を見開いた。

「血に含まれる……魔力」

フランはモーラルの変貌《へんぼう》に驚くと共に、思わず口に出していた。

「そうです……魔力を体内に循環《じゅんかん》させるのは血なのです。吸血鬼は人間とは身体の仕組みが違い、大気中の魔力の素《もと》を取り込み、体内で変換《へんかん》して自分の魔力に変える事が出来ません。それでいろいろな獲物から血を通じて直接、魔力を取り込んでいるのです」

モーラルは無表情のまま話を続ける。先程までの高慢《こうまん》な態度は消えていた。

この魔族の少女にとってルウの命令は絶対服従らしい。

「吸血鬼の行為が呪《のろ》われた同胞《どうほう》を増やす結果にもなっていますが……」

フランの眉間《みけん》に思わず皺《しわ》が寄る。

どうやら、吸血行為のおぞましく忌《い》まわしい姿を想像したようだ。

モーラルはフランをちらりと見て首を振った。

「誤解しないで頂きたいのですが、私は通常の吸血鬼とは違います。霊的な夢魔であり魔力を血から取る必要がありません。従って貴女様の考えているような吸血行為は一切《いっさい》しないのです」

沈黙《ちんもく》が部屋を支配する。

暫し経《た》ってモーラルが話を再開した。

「しかし私は魔力が無ければ生きてはいけません。ですから吸血ではない違う方法で魔力を抜き取って糧《かて》としております」

通常の吸血鬼とは違う⁉　それって……

フランは思わず身を乗り出していた。

「モーラルさん……貴女、魔力を抜き取るって、どうするの？」

フランはいつの間にか、モーラルの話に引き込まれていたのだ。

「分かりました、ご説明致しましょう……ルウ様、失礼させて頂きます」

モーラルが答えた直後、フランは信じられない光景を見る。

「ルウ様ぁ！」

モーラルがルウの名を叫《さけ》んで手を伸ばすと、しっかり手を繋いだのだ。

そして重ね合わせた手をルウの心臓の上に持って行く。

いかにも手馴《てな》れており、誰《だれ》が見ても仲睦《なかむつ》まじい行為であった。

「い、いやぁ！　ルウ！」

フランは思わず、大声で叫んでいた。モーラルに対して激しい嫉妬《しっと》を感じていたのだ。

「うふふ……フランシスカ様、一番、美味《おい》しい魔力《まりょく》ってご存知ですか？　それは心臓にある魔力なの……私はね、いつもルウ様の心臓に手をあてて一番濃《こ》く美味しい魔力をいただくのです」

「………………」

モーラルの挑発《ちょうはつ》するような物言いに対して、フランは鋭い視線を投《な》げ掛《か》けている。

それは今迄《いままで》にフラン自身が感じた事の無いどろどろした怨念《おんねん》であった。

「あらあら……可愛らしいお顔に似合わず物凄《ものすご》い殺気ですねぇ。フランシスカ様」

「ええ……貴女を殺したい」

からかうようなモーラルの声に対してフランは全く抑揚《よくよう》の無い声で答える。

その時！　ルウが強引にモーラルの手を離《はな》したのだ。

「あっ！」

小さな叫びをあげ、モーラルはルウから離された手を固く握り締めた。

そして、あっさりとフランの方へ向き直って頭を下げたのである。

「フランシスカ様、申し訳ありません。少々、貴女様をからかい過ぎました……謝罪致します。私達は魔力さえ頂ければ下等なヴァンパイアと違《ちが》って下品に牙《きば》を立てたりしないし、昼間でも普通に生活していけるのです」

先程までの挑発が嘘《うそ》のような態度であった。ルウから再び戒められたと理解したらしい。

モーラルにはルウの行為がとてもショックだったのだろう、声も小さくなり、終《しま》いには項垂《うなだ》れてしまった。

「私はルウ様の忠実な配下です。単なる下婢《かひ》……ただ……それだけなのです」

モーラルの言葉を聞いて、フランには感じた事がある。

この魔族の娘……モーラルは……多分、自分と一緒《いっしょ》なのだと。

どのような経緯《いきさつ》か分からないが、この魔族の娘は間違いなくルウの事を愛している。

そしてフランには理解出来た事がある。

ルウはこのモーラルという娘にとても優《やさ》しいし、確かに『大事』にはしているのだろう。

だが『それ』は決して愛ではない！

……所詮《しょせん》は情なのだと。

「ルウ！　私はよ～く分かったわ」

アデライドがいきなりルウに向かって大きな声を出した。

吃驚したフランは母が一体何を理解したのか、気になった。

アデライドはフランを見ながらきっぱりと言い放つ。

「ルウが責任を持つと言うなら別に私達は構わないわ！　ねぇ、フラン？」

「え？　う、うん……」

同意を求めるアデライドに対して、フランは躊躇《ためら》いがちに頷いた。

しかし曖昧な態度を取るフランへ、アデライドの鋭い声が飛んだ。

「こらっ！　フラン、貴女は、もう誓《ちか》いを忘れたの？」

誓い⁉

フランはハッとした。

そうか……私はルウの愛情が欲しいんだ。この娘と……一緒なんだ！

単なる『情』ではなく、彼《かれ》の『愛情』が欲しいんだ。

だから私は決めたんだ、ルウの全てを受け入れると！

フランはモーラルへ思いを込めて優しく微笑《ほほえ》む。

「ええ、モーラル。私達、貴女を受け入れますよ、今後とも宜《よろ》しくね」

フランはモーラルに右手を差し出した。

モーラルもフランに何かを感じたようで自然に右手を差し出す。

フランへ差し出されたのは小さく華奢《きゃしゃ》な手であり、そしてとても冷たかった。

アデライドにも礼を言ったモーラルは、改めて深く深く頭を下げる。

「……ありがとう……ございます」

顔を上げたモーラルからはまた表情が失われていたが、フランが見た真っ赤な瞳には、何故か温かいものが宿っている気がした。

先程は中断された為、モーラルは同じやり方で改めてルウから魔力を貰う事になる。

フランも、もう取り乱して叫んだりはしない。

魔力が満たされると、ルウが帰還《きかん》の魔法を詠唱し、シルバープラチナの髪を持つ美しい魔族の少女は再び異界へ戻《もど》って行った。

モーラルが異界へ帰った後に、ルウが明かした彼女《かのじょ》の生《お》い立《た》ちは衝撃的である。

「実はモーラルの両親は人間なんだ」

ルウがぽつりと呟き、話し始めた。

フランは吃驚してルウを見詰めている。

アデライドもあまりのショックに息を吐《は》き、静かに目を閉じた。

フランは混乱していて、頭が上手《うま》く回らない。

自分の常識の範囲を大きく逸脱《いつだつ》しているのだ。

何故、魔族が人間から生まれるの？　そんな事ってありえるの？

でも両親って言ったわね、どうして？　片親が魔族の半魔なら分かるけど……

モーラルはモーラという夢魔である。ルウによれば、このモーラは人間の両親からも生まれる事があるのだそうだ。原因は……不明である。

モーラルは生まれた時には普通の赤《あか》ん坊《ぼう》に見えたが、全く母親の乳を飲まなかった。

乳を飲むような仕草で母親の心臓の上に手をあてて、魔力を吸収していたのだ。

そんなモーラルを、魔法使いであった母親はすぐに魔族モーラと気付いたが、ひたすら隠していた。

しかし、ある日父親に発覚し、村の掟《おきて》により母娘は追放となってしまう。

モーラルは悪魔の子で、彼女が生まれた原因は母親が悪魔に身を任せたからだという、実の父親が捏造《ねつぞう》したとんでもない濡《ぬ》れ衣《ぎぬ》からであった。

追っ手から逃げのびた母娘は暫《しばら》く深い森の奥《おく》で暮らしていたが、母親がすぐ病に侵《おか》されてあっけなく世を去る。そしてモーラルはたったひとりきりで弱い魔物《まもの》を捕《と》らえては魔力を吸って生きていたのだ。

だが夢魔モーラとして成長するモーラルには生きて行く為に必要な魔力量が絶対的に足りず、とうとう森で倒《たお》れてしまった。

そんな時、運命はルウとモーラルを引き合わせたのである。

師シュルヴェステルとの修行《しゅぎょう》中に、瀕死《ひんし》のモーラルを発見したルウは選択を迫られた。

夢魔モーラは人へ害を及ぼす魔族でしかない、このまま見捨てるか、いっそ殺すかだ。

だが、ルウはいずれも選ばなかった。

シュルヴェステルからいくら止められてもルウはモーラルを救うと主張し、自らの魔力を与《あた》えて助けたのである。

それが8年前の事である。以来、モーラルはルウに忠実な従者として付き従い、魔族のモーラとして完全覚醒《かくせい》してからは、怖ろしい夢魔として通常は異界に棲んでいるのだ。

ルウに命を救われて8年か……そしてモーラルは彼を愛している。

やっぱり私と……一緒だった。そして魔族であるが故《ゆえ》に自ら一線を引いている。

過ごした時間が私なんかより遥《はる》かに長い分、彼女も辛《つら》い筈《はず》……

フランは、モーラルがルウを慕《した》う気持ちがとても分かるようになったのだ。

あの時、フランが突きつけた『嫉妬』という心の刃《やいば》。

モーラルもフランの気持ちにきっと気付いたであろう。

「アデライドさん、フラン。……ありがとう、モーラルを受け入れてくれて」

ルウは慈愛《じあい》の篭《こも》った眼差《まなざ》しで、深く頭を下げた。

そんなルウの姿を見て、フランは思う。

彼は8年前、全く同じ言葉を師であるシュルヴェステルへ伝えたに違いない。

フランはそんなルウが心の底から好きだと実感していたのである。

第四章　魔法女子学園臨時教師

## 第28話「紹介」

翌朝、魔法女子学園に出勤したルウは先輩《せんぱい》教師達に紹介される事となった。

まずルウはアデライドとフランに連れられて5階の理事長室に入る。

「ケルトゥリ教頭と新人ちゃんには紹介したから、今日はそれ以外の教職員達に紹介するわ、宜しくね」

ルウを紹介するというのは臨時教師というだけではなく、当然ながらフランの従者としても、である。

「了解！」

ルウはいつものように穏やかな表情で答えた。

紹介する教師は女性ばかりなので、暫く注意事項《じこう》など話し合うと3人は魔導昇降機《まどうしょうこうき》に乗り込み4階へ降りる。

まずはケルトゥリが在室している筈の教頭室へ向かう。

今迄はルウが、アデライドとフランの後から連れて貰うように歩いていたが、警護役も兼《か》ねた今となっては、自然に先頭を歩いている。

ルウ達が訪ねると、既にケルトゥリは出勤していた。

「これからルウを職員に紹介しますが、ケルトゥリ教頭はどうしますか？」

フランが用件を伝えると、ケルトゥリは意味ありげに微笑む。

「私も同行致します」

上司にあたるアデライドが居るせいか、ケルトゥリの態度はやたらに慇懃《いんぎん》であった。

ルウが居て、やりにくくとも仕事は仕事と、割り切るのであろう。

ケルトゥリによると、昨日出勤した教師達にはルウの赴任《ふにん》を伝えておいたという。

職員室の扉《とびら》の前に立ったケルトゥリがアデライドとフランにお辞儀《じぎ》をしてから、先陣を切ろうとする。

しかしフランがケルトゥリへ手を出して制止し、首を横に振った。

「待って、入室する時は私が先頭で入ります」

フランがきっぱりと言い、軽く扉をノックしてからドアを開ける。

愛娘の様子を、アデライドはにこにこしながら見守っていた。

このような些細《ささい》な事でも、以前のフランには無かった積極さなのだ。

「おはようございます、皆《みな》さん」

職員室中へ響《ひび》き渡《わた》る大きな声。

座《すわ》っていた教師達が驚いた表情で立ち上がろうとする。

教師達の中にはルウが見知ったアドリーヌ・コレットの姿もあった。

「おはようございます！」

「おはようございます」

「おはようございます」

フランの挨拶《あいさつ》からひと呼吸置いて、次々に教師達が挨拶する。

挨拶の様子を見ていたケルトゥリが、ぱんぱんと手を叩《たた》き、職員に声を掛けた。

「皆様《みなさま》、ドゥメール校長代理と私、エイルトヴァーラの推薦《すいせん》で新しい先生が入ります」

ケルトゥリがそう言うと、教師達の視線は自然にルウへと注がれた。

「とりあえず今日からまる1年間、臨時教師という形です。昨日、私から話を聞いた方もいらっしゃるでしょうが今日は本人が居《お》りますので改めて。ルウ・ブランデルさんです」

ケルトゥリが名前を告げると、ルウは大きな声を張り上げて挨拶する。

「ルウ・ブランデルです！　不慣れですが頑張《がんば》りますので宜しくお願いします！」

フランはルウの挨拶を聞いて少し吃驚した。

あれっ？　ちゃんと挨拶出来るの？　ちょっと意外だわ！

「ではドゥメール校長代理、あとの特別な説明はお願いします」

ケルトゥリは、僅かに皮肉めいた物言いをして後を託《たく》した。

思わず苦笑したフランは軽く頭を下げる。

「ありがとうございます、教頭。皆さん、彼は先日、私が襲《おそ》われた時に素晴《すば》らしい魔法《まほう》の才能を発揮して命を助けてくれた人です。それがたまたまこのエイルトヴァーラ教頭とも知己《ちき》だと分かりました」

教師達はルウがフランを助けたニュースをもう耳にしていた。

護衛の騎士達《きしたち》が全員、殉職《じゅんしょく》した恐ろしい事件は、既に王都中へ知れ渡っていたのだ。

誰もがルウに注目し、じっと見詰《みつ》めている。

フランは軽く息を吐くと、話を続けた。

「私は今回の事件を運命の導きと考え、ルウさんを当学園の教師に採用致しました。但し採用するにあたっては理事長と教頭とはしっかりと相談致しました」

フランは「しっかりと相談した」という部分に力を込めて言うと、ケルトゥリを見る。

先程のお返しとばかりに見詰められたケルトゥリは、何ともいえない複雑な表情だ。

「私事で申し訳ありませんが、ルウさんには私の従者も兼ねて貰う事にしました。というわけで皆さん、ルウ・ブランデルを宜しくお願いします」

フランから紹介されたルウがお辞儀をすると、職員達からまばらな拍手が起きる。

職員室に居た職員は全部で7人、全員女性であった。

本日不在なのは体調がすぐれなくて休んでいる女性教師と、来年3月で退職する男性教師のふたりだけである。

教師達がひとりずつ自己紹介をして行く。

「シンディ・ライアンです。ウチの主人にはもう会ったわね、あの人、何も言わないけど貴方《あなた》の事が大層気に入ったみたいよ。これからも宜しくね！」

シンディは物腰《ものごし》も落ち着いたベテランの教師で、年齢が40代半ばくらい。金髪《きんぱつ》のショートカットで凛々《りり》しく、美男子と言っても良い男顔である。

鍛《きた》えられた体躯《たいく》で健康的に日焼けしており、笑うと白い歯が目立つ。

「シンディ先生は元王国騎士で専門は魔法攻撃術《まほうこうげきじゅつ》と魔法防御術《まほうぼうぎょじゅつ》、意外に占術《せんじゅつ》も得意なのよ」

「ちょっとぉ！　占術が意外って何よ？　フランちゃん！」

フランの発した最後の意外というひと言がシンディの気に障《さわ》ったようだ。

一応非難めいた口調ではあるが、顔は笑っており本気で怒《おこ》っているわけではない。

「クロティルド・ボードリエです。宜しくお願いしますわ、ブランデル先生」

クロティルドは小柄《こがら》で、身長は150cmを少し超《こ》えるくらいだろう。

栗毛《くりげ》のショートカットで鳶色《とびいろ》の目が栗鼠《りす》のようで愛くるしい顔立ちをしている。

年齢は20代後半くらいだろうか……自己紹介では元神官で魔法防御術、中でも治癒《ちゆ》や回復系の魔法が得意であり、魔道具研究の授業も担当しているという。

「オルタンス・アシャールです。宜しくお願いします」

オルタンスは栗毛でそれなりの容姿の女性だがいまいち垢抜《あかぬ》けしない地味な女性である。

年齢は30歳《さい》前後……落ち着いていて真面目《まじめ》そうな女性で専門は魔法防御術と占術。

女性教師陣《きょうしじん》の中でひと際《きわ》異彩《いさい》を放っていたのは双子のボワデフル姉妹である。

年齢は20代半ばの派手な顔立ちをした姉妹で目立つのは瞳が碧眼と鳶色のオッドアイである事だ。

顔は勿論《もちろん》、声や背格好もそっくり。オッドアイの並びの違いが姉妹を見分ける唯一《ゆいいつ》の手立てと思われたが、ルウが話してみたら性格も担当の専門科目もまるで違っていたのだ。

「凄《すご》くがさつな姉ですが宜しくお願いします、ルウさん」

「だ、だ、誰ががさつだ！　誰があっ！」

妹のルネが苦笑してお辞儀をすると、姉のカサンドラが食ってかかった。

姉カサンドラの専門は魔法攻撃術、そして召喚術。

妹ルネは魔道具研究が専門であり、錬金術《れんきんじゅつ》、魔導《まどう》薬学にも詳《くわ》しいらしい。

次に現れたのが20代半ばで、栗毛のロングヘアに目がぱっちりした情熱的な顔立ちをした女性教師である。

「リリアーヌ・ブリュレです。宜しくお願いしますね、専門は召喚術と錬金術ですわ」

男好きしそうな厚めの唇が艶《つや》っぽい。大きな鳶色の瞳が熱～くルウを見詰めている。

均整のとれた細身のプロポーションだが、信じられないほどの巨大な双丘《そうきゅう》が軽くお辞儀をしただけでぷるんと挑発的に揺《ゆ》れたのである。

ルウは思わずポカンとしてしまう。

リリアーヌは自分の魅力《みりょく》が分かっているのだろう、ルウが自分に魅了されたと思い、嫣《えん》然《ぜん》と笑ったのだ。

フランは軽い嫉妬を感じ、自然に口を尖《とが》らせてしまう。

私だってある程度、胸はあると思うのに……

やはり男性はより胸の大きい色気のある女性に目が行ってしまうのかと。

そして、とんでもない事件が起こった！

ルウの両手がすうっと伸びてリリアーヌの双丘をがっしと掴《つか》んだのだ。

「お～っ、すっげぇおっぱいだ！　大きくて柔らかくてまるで牝牛《めうし》みたいだな」

「へ⁉」

ルウにおっぱいをしっかり摑《つか》まれたリリアーヌは大きく目を見開き、呆然《ぼうぜん》としている。

職員室の空気が……固まった。

「うん！　やっぱり魔法使いは見るだけじゃあ駄目《だめ》だ！　しっかり学ぶには確認《かくにん》してみないと分からない。触《さわ》った事はないけど確かフランも凄いおっぱいだよな？　どっちが大きいかなぁ」

ルウは頷《うなず》きながら、真剣《しんけん》な顔で自問自答するように頷いた。

その瞬間《しゅんかん》、フランの平手がルウの頬《ほお》に伸び、乾《かわ》いた音が職員室に響いたのである。

フランの渾身《こんしん》の力にルウが吹っ飛んで、床《ゆか》に転がった。

「ルルル、ルウッ！　ななな、なんて事を！　い、嫌《いや》らしいっ！　初対面の女性の胸を掴むなんて！　最低っ！　お、男の屑《くず》ですっ、謝罪しなさいっ！」

興奮したフランの凄《すさ》まじい怒声《どせい》が響いた。

床に転がったルウはその場に座り込んでぽかんとしていた。

何故フランに叩かれなくてはいけないのか？

まるで悪い事をした自覚がないようだ。

「ええっ⁉　掴んでまずかったか？　だけど乳がたくさん出る牝牛のように神々《こうごう》しくてさ、つい、おおおって感動しちゃったんだ！」

乳がたくさん出る牝牛のように神々しくて感動⁉

ルウの表現を聞いて、微妙《びみょう》な雰囲気に包まれた職員室の空気が和《なご》む。

緊張《きんちょう》の解けた女性教師数人が、思いっきり吹《ふ》き出した。

「？？？」

ルウは一瞬《いっしゅん》きょとんとしていたが、先輩教師達が大笑いし、フランが相変わらず憤怒《ふんぬ》の表情で立ち尽《つ》くすのを見て、漸《よう》く事態を飲み込めたようだ。

ルウは、ぱっと起き上がるとリリアーヌに向かって一礼し、謝罪した。

「そうか！　確かに人間の女性は牝牛とは違うよな、申し訳ない！」

「え、ええ……乳がたくさん出る牝牛って意味が全く分からないけど、貴方に悪気はないみたいね、嫌らしさも感じないし」

当のリリアーヌは、ルウに掴まれた胸をそっと押さえて微妙な表情をしていた。

ルウは改めて目の前の巨大な双丘を眺める。感に堪《た》えないような面持《おもも》ちだ。

「俺《おれ》は純粋にリリアーヌの胸を見て感動したんだ、すっごく美しい胸だよなぁ！」

ルウが納得《なっとく》したように小さく頷いているのは、やはり素直《すなお》に感動しているのだろう。

リリアーヌも自慢《じまん》の胸を、ルウにここまで褒められると、怒るどころか逆に気になってしまった。

「す、すっごく⁉　美しいの⁉　私の胸が？」

「うん！　触ってみて、よ〜く分かった。適度に柔《やわ》らかいし、弾力《だんりょく》も素晴らしい！　惚《ほ》れ惚《ぼ》れするくらい形が良い！」

「柔らかくて、弾力も素晴らしくて、惚れ惚れするくらい形が良い⁉　わ、わ、私の胸が！　ホントなのぉ⁉」

きっぱり言い放つルウの言葉を聞いて、リリアーヌに笑顔《えがお》が生まれる。

一方、ルウは一転して神妙《しんみょう》な顔付きとなる。

「でもフランの言う通り、女性の胸をいきなり掴むのは失礼なんだよな、許してくれるか？」

「ううん！　もう、いいのよ！　謝《あやま》らなくても！　ほら、ルウ先生！　良かったらもっともっと触ってみる？　魔法使《まほうつか》いにはしっかりした確認が必要なんでしょう？」

逆に胸を突き出して冗談《じょうだん》を言うくらい、リリアーヌの機嫌は完全に直っていた。

ルウ本人の言葉に全く邪気《じゃき》が感じられなかったからだろう。

絶対に許されない筈の行為《こうい》を、リリアーヌもつい許してしまったのだ。

ルウはバツが悪そうに頭を掻《か》くと、再びリリアーヌへ謝った。

リリアーヌも面白がって両手でわざと胸を持ち上げると、笑顔でルウへ迫る。さすがにルウもこれ以上はリリアーヌの胸を触《さわ》らず、ひたすら逃げ回る。

ルウとリリアーヌのおかしなやり取りを見て職員室は更《さら》に大きな笑いに包まれた。

何故かフランとケルトゥリだけは酷《ひど》く仏頂面《ぶっちょうづら》であったが……

教師達の笑い声が満ちて騒《さわ》ぎが収まらない中、アドリーヌ・コレットが改めて挨拶をする。

「先日は失礼致しました、改めまして、アドリーヌ・コレットです。今後とも宜しくお願い致します」

「おお、これからも宜しくな、アドリーヌ」

先日とは一変してしっかりと行ったアドリーヌの挨拶に対して、返って来たルウの笑顔はこの前と変わらず温かかった。

ホッとしたアドリーヌは先程までの騒ぎに呆れつつ、決してルウが不埒《ふらち》な気持ちからリアーヌの胸を触ったのではないとも感じていた。

最初の挨拶はちゃんとしたり、私にはやっぱりざっくばらんだったり……

常識外れなのに、物事の分別をちゃんと分かっているようでもあるし……

器用なのか不器用なのか、分からない。とても変わっている人ね……

でも優しい人……

アドリーヌは不思議な雰囲気を持つルウの事を、何となく気にかけてしまったのである。

# 第29話「披露」

「じゃあ、ルウ先生の席はここよ」

フランの指示で空いていた席がルウに与えられた。

右隣《みぎどなり》がアドリーヌ、左隣が牝牛のようなおっぱいと、ルウに言われたリリアーヌである。

リリアーヌが隣に座ると知ったルウは、申し訳無さそうに頭を下げる。

「リリアーヌ先生、御免《ごめん》な！　さっきは本当に悪かったよ」

「うふふ、敢《あ》えて文句を言うのなら貴方の例えは牝牛でしょう？　そこだけは嫌かなぁ」

相変わらず自慢の胸を強調するようなリリアーヌは、女としての自分のセールスポイントを充分《じゅうぶん》に自覚しているようだ。その時、いきなりルウとリリアーヌの会話へ割り込んだのは……何と！　ケルトゥリであった。

「ブリュレ先生、少し説明させて頂いていいかしら？　実の所、ブランデル先生の表現は一方的に悪いというわけではないのですよ」

「え？　教頭、それは一体どういう事なのですか？」

ルウを擁護《ようご》するケルトゥリの意外な言葉に、リリアーヌは怪訝《けげん》な顔をする。

リリアーヌの問いを受けて、ケルトゥリは真面目な表情で言い放つ。

「ご存知ないでしょうが、牝牛とは我々アールヴ族の中では最大の褒め言葉なのです」

「牝牛が最大の褒め言葉？　気になりますね、宜しければ詳しく聞かせて頂けます？」

不思議そうな表情をしたリリアーヌの要望に応えてケルトゥリはゆっくりと話し始める。

どのような種族、文明でも女性は豊穣《ほうじょう》のシンボルとしてあがめられている事が多い。

アールヴ族は元々体躯が華奢であり、豊かな乳房《ちぶさ》を持つ動物を神格化された女性のシンボルとして求める傾向《けいこう》が強かったのだとケルトゥリは強調する。

太古には森の中に居住して家畜を持たなかったアールヴが、人間が使役《しえき》する牝牛の乳房を見た時に豊穣の女神のイメージを持ったのは決しておかしくはない。

その結果、牝牛のような豊満な乳房の形容は『豊穣の女神』の例えになったというのだ。

ケルトゥリから『豊穣の女神』の謂《いわ》れを聞いたリリアーヌの気分は更に良くなった。

こぼれんばかりの笑《え》みを浮《う》かべ、ルウに囁《ささや》いたのである。

「うふふ、ブランデル先生ったら、ちゃんと最初から説明して下さればいいのにぃ！　私が豊穣の女神だなんて超嬉《ちょううれ》しいわ！　何か困った事があったらぜひ私へ相談してね」

リリアーヌはすっかり機嫌が良くなってルウへ秋波を送って来た。

しかしルウは曖昧《あいまい》に一礼し、椅子《いす》に座る。

そんな和気藹々《わきあいあい》とした様子のリリアーヌとルウを見たフランは、複雑な表情をしていた。

ルウの行為が悪意から来たものではないことが分かったからである。

しかしこの場でルウに対して素直に謝る事など出来ない。

公衆の面前で女性の胸を掴むなど犯罪だから、頬を張ったのは正義の筈である。

だが今、フランの胸に沸《わ》き上がるもやもやした感情は何だろう？

胸を摑まれたのに笑ってルウを許したリリアーヌの寛容《かんよう》さに対して？

ルウの名誉回復をはかったケルトゥリの機転に対して？

ふたりに引き換え、自分は怒《いか》りの感情に任せてルウの頬を張るしか出来なかった。

もう！　ルウったら、駄目じゃない！

フランはだんだん苛々《いらいら》して来た。

女性の胸を触りたいのであったら、何故先に私へ言わないのかと、つい感情が高ぶる。

確か、私の胸も負けないくらい大きいって言っていたし！

頬を膨《ふく》らませ、口を尖らせるフランは今夜早速ルウへ談判しようと決意したのである。

そんなフランの燃えるような思いを受ける中、ルウの行為がまた他の教師達を驚《おどろ》かせる事となった。

愛用する収納の腕輪《うでわ》から、徐《おもむろ》に10数冊余りの教科書を取り出して机上に並べ始めたのだ。そして腕輪から出したのは教科書だけに止《とど》まらなかった。

筆記用具から紅茶を飲むためのカップまで様々なものがたくさん机上に並んで行く。

ルウの様子を何気に見ていた数人の教師から驚きの声が洩《も》れる。

「えええええっ？」

「な、何、あれ？」

「う、嘘!?」

驚く教師達に対して新人のアドリーヌが不思議そうな顔をして問《と》い掛ける。

「確かに凄いなって思いましたけど……あれって魔法が付呪《エンチヤント》された魔《ま》道具《どうぐ》ではないんですか？」

当たり前のように言うアドリーヌへ、驚きの表情で首を横に振《ふ》ったのは魔道具研究の授業を受け持つクロティルドであった。

「何を言っているの！　そこらにある収納の魔道具と比べたら、桁違《けたちが》いなのよ」

「そう、その通りです！」

相槌を打ったのがボワデフル姉妹のうち妹のルネである。

「収納の魔法は使用するだけでも結構手間が掛かるものです。出し入れの際には複雑な魔法式をその都度《つど》唱える事になる筈！　だ、だけど、彼はあっさりと出したのよ！」

ルネ達《たち》の驚きはそれだけに止まらない。

「ブランデル先生の使っているあの収納の魔道具は腕輪というコンパクトな大きさでしょう？　あの様子だとまだまだ余裕《よゆう》がありそうだし、あんなに収納量が多いものなんて滅多《めった》に無いのよ」

ルウが使っているレベルの魔道具は、古代人工遺物《アーティファクト》としてごくごく稀に遺跡《いせき》から発見される事もあるが、確率としては断然低い。

クロティルドやルネが驚くのも無理はなかったのである。

ルウが平気な顔をして腕輪からまだまだ私物を出し続けたのを見て、クロティルドはもう我慢《がまん》が出来なかった。

「ブランデル先生！　そ、それ、もしかして古代人工遺物《アーティファクト》か何かですの？　それにしては比較的《ひかくてき》新しい腕輪に見えますけど」

クロティルドは食いつくように腕輪の事を尋《たず》ねるが、ルウは朗《ほが》らかに返事をする。

「ブランデル？　ははっ、俺の事はルウと呼んでくれないか」

「わ、分かりましたわ。じゃあルウ先生、私、その腕輪の事が知りたいのです」

「そう！　ぜひ教えて！」

クロティルドが腕輪を指差す脇《わき》から、ルネまでが身を乗り出して来た。ルウはクロティルド達の視線が自分の腕輪へ集まっているのを見て、不思議そうに首を傾《かし》げる。

「うん？　この腕輪か？　ああ、これは自作だよ」

「はぁ⁉　じ、自作ぅ⁉」

「うえええっ⁉」

ルウが自分で作った魔道具だと知ってクロティルドとルネから更に驚きの声が洩れた。

ふたりは目を見開き、口をポカンと開けて完全に固まってしまっている。

「アールヴの職人が細工したミスリルの腕輪に、俺が付呪《エンチャント》した魔道具さ。いちいち言霊《ことだま》を唱えなくても、腕輪に登録した自分の魔力波《オーラ》を僅《わず》かに込めるだけで出し入れが出来るようになっている」

ルウは自分がとんでもない話をしているのに気がつかない。

規格外といえるルウの魔法の才能がいきなり披露《ひろう》されてしまったのだ。

「ああ……ルウったら、もう！」

フランは頭を抱《かか》えるが、アデライドは面白そうに笑っている。

確かにルウはアデライドから出来るだけ能力を見せないようにとは言われている。

しかし使用頻度《ひんど》の高い収納の腕輪が、ルウの付呪《エンチャント》魔法を駆使《くし》した最大の魔道具という基準で見せるのは、事前にアデライドと取り交わした約束で決めていた事であった。

収納の腕輪の能力は騎士隊《きしたい》が緘口令《かんこうれい》を敷いてくれたが、事件のあらましやその時に申告したルウの使用した魔法と共にいつかは公《おおやけ》にばれるとアデライドが踏んでの見切りである。

母の小さな笑い声を聞いて、ついフランが目を向ける。

「大丈夫《だいじょうぶ》よ」

アデライドは笑顔でそっと囁いた。

母はそう言うが、フランはルウのあまりの無防備さに呆れるのを通り越《こ》して、もう苦笑《くしょう》するしかない。

興奮したクロティルドとルネは隣席のリリアーヌを強引に押《お》し退《の》け、ルウに断ってから収納の腕輪を興味深そうに触っている。無理矢理《むりやり》押し出された形のリリアーヌは頬を膨らませてむくれていた。しかしクロティルドとルネのふたりはリリアーヌの迷惑などおかまいなしである。

「わ、私達も多少の付呪魔法《エンチャント》は使えますけど、ここまで凄いものは到底《とうてい》無理ですわ」

「確かに……そ、そうです！」

クロティルドが掠《かす》れた声で言い、ルネもすかさず同意した。

こうなると驚きをすぐ興味や好奇心《こうきしん》に変えてしまうのが魔法使いの性《さが》である。

「ル、ルウ先生！　今度、ぜひ貴方の付呪魔法を教えて！」

「そうそう、ぜひ！」

ルウに迫るクロティルドとルネのふたり……徐々《じょじょ》に他の教師達も集まって来た。

職員室がざわめき始めた、その時である。

ぱんぱんぱん！

いきなりケルトゥリが派手な音を立てて、両手を叩く。

そして離席した教師達へ自分の席に着くよう、命じたのである。

「皆さん！　本来は明日からの春期講習の準備の為《ため》に出勤しているのですよ。これではブランデル先生だって落ち着きません。業務に戻って下さい！」

ケルトゥリの注意勧告《かんこく》を聞いた教師達はやむなく自分の席に戻り、仕事を開始したのであった。続いてケルトゥリは、ルウを見詰める。

「ブランデル先生！　業務があるので私は教頭室へ戻ります！　その前に貴方と大事な打合せがありますから、５分後に来て下さい！」

大声で言い捨てると、厳しい表情を崩《くず》さずにケルトゥリは去って行く。

業務の為にアデライドとフランも職員室を退出すると、今度はルウの所へボワデフル姉妹の姉、カサンドラがやって来た。

カサンドラは今までのやりとりやルウの異相とも言える風貌《ふうぼう》に興味津々といった感じだ。

「ルウ先生は専門科目の何を教えるんだい？　良かったら教えてくれないかな」

「何、言っているの。お姉様、こんな素晴らしい付呪魔法《エンチャント》が発動出来るんだもの。どう考えても魔道具研究に決まっているじゃない？」

カサンドラとルウの会話に、妹のルネがいきなり割り込んだ。

ルウが製作した収納の腕輪の効力に惚れ込んでしまったらしい。

しかし会話を邪魔《じゃま》されたカサンドラはおかんむりだ。

「こらっ、ルネ！　いきなり何だ、お前は黙れ。ルウ先生、君の口から直接聞きたい！」

カサンドラは再び身を乗り出して聞いて来る。

「ああ、俺の専門科目は魔法攻撃術と上級召喚《しょうかん》術だ」

ルウは答えてから、カサンドラとは自分の担当科目が一緒《いっしょ》だと気が付いた。

案の定、カサンドラの目が煌々《こうこう》と輝き出す。

「おおっ！　私と同じかあっ！　よぉ～し、ルウ先生、私と魔法の勝負を……あだっ！」

「姉さん、いい加減にして！」

会話の途中《とちゅう》でカサンドラの悲鳴が上がった。

ルネが愛用の魔法杖《マジックワンド》で姉の脛《すね》を思い切り叩いたのだ。

「いだいじゃないがぁ！　もう！　何をするっ、ルネっ！」

痛そうに悲鳴をあげるカサンドラ。

苦痛を訴《うった》える姉をチラッと見たルネは、平然と笑う。

「うふふ、ルウ先生、本当に御免なさいね。この人ったら……すぐ周りが見えなくなってしまうのです。もう二度と姉なんかに邪魔はさせませんから、仕事を続けてください」

「くぅぅぅ……」

唸《うな》るカサンドラはそれ以上反論しなかった。

どうやらしっかり者の妹に対して、この姉は頭が上がらないらしい。

そうこうしているうちに主任のシンディもやって来た。

「あらあらルウ君、凄い人気ね」

シンディが皮肉ったのには理由があった。ルウと話すボワデフル姉妹が普段《ふだん》と違《ちが》ってやけに明るいのだ。シンディは悪戯《いたずら》っぽく笑うが、ルウには特別な意図など無い。

「さてルウ君、貴方の担当が魔法攻撃術と上級召喚術なら今後の確認だけしておきましょう。教科書の内容は把握《はあく》している？　ところでルウ君の属性の適性と準適性は？」

矢継《やつ》ぎ早《ばや》に質問するシンディにルウは嫌な顔ひとつせずに答える。

「教科書の内容はもう覚えた。魔法適性は確か火属性で、準適性が風属性だな」

「へぇ？　理事長や校長と一緒なのね。まだ先になるけど専門科目では副担任が担当クラスの垣根《かきね》を越えてフォローする事が多いのよ」

「分かった」

魔法女子学園において副担任は、ベテラン教師に付いて授業の手順を学ぶ見習いのような存在だ。

但《ただ》しルウの場合は従者という雇用《こよう》関係もあり、２年Ｃ組の担任フランの副担任という立場である。基本的にルウはフランの補助をするのが仕事となるのだ。

しかしルウの担当科目である魔法攻撃術と上級召喚術はシンディとカサンドラが担当教師なので彼女達《かのじょたち》の授業を手伝う機会があるという事にもなる。

シンディの言葉を聞いたカサンドラが、まだ痛む脛を擦《さす》りながら親指を立てた。

授業を手伝って貰えて嬉しいというよりは、誰《だれ》に後ろ指を指されることもなく、ルウと魔法の手合わせが出来るという喜びであるようだ。

手をぽんと叩いたシンディが、悪戯っぽく笑う。

「あ、そうだ！　忘れていたわ、ルウ君。急いで教頭室に行かないと……あね弟子《でし》さんから呼ばれているのでしょう？　打合せはまた今度ね」

「ああ、そうだった」

ルウは立ち上がってシンディにお辞儀をすると、周囲の全員にも挨拶して職員室を出た。

教師達は皆、ルウの事が気になるようだ。

職員室を出るとフランが心配そうな表情をして立っている。

ケルトゥリとふたりきりで、ルウがどのような話をするか気になって戻《もど》って来たらしい。

ルウはにっこり笑うと大きく手を振った、まるで「気にするな」とでも言うように。

まだまだ心配そうなフランの視線を受けながら、ルウは教頭室のドアをノックしたのである。

# 第30話「慕情」

「ルウだけど」

「どうぞ」

ルウの声に応えて、ケルトゥリの声が返って来る。

以前、アデライド、フランと共に教頭室に来た時は、ケルトゥリが不在だったのでルウがこの部屋へ入るのは初めてであった。

ケルトゥリに与《あた》えられた教頭室は、約10畳《じょう》ほどの部屋である。

正面には事務用の机と椅子が置いてある。

扉から向かって右側には簡素な応接セット、左側には魔導書が置かれた本棚《ほんだな》が並んでいた。ケルトゥリは机に両肘《りょうひじ》をついて座っていたが、立ち上がると応接セットの椅子に座るよう勧《すす》めてくれる。

先程《さきほど》とは表情が一変しており、旧友と久々に会ったような懐《なつ》かしさに満《み》ち溢《あふ》れていた。

「うふふ、久《ひさ》し振《ぶ》りね……ルウ」

「それはこっちの台詞《せりふ》だぞ、ケリー。お前が5年前に突然《とつぜん》居なくなって皆が心配したんだ。とりあえずは無事でよかったけどな」

「まあ、いろいろと思うところがあったのよ。それより風の便りに聞いたわ。シュルヴェステル様は少し前に亡《な》くなられたそうね」

「うん、それで俺は里を出て来たんだ。爺《じい》ちゃんはお前が継《つ》げ！　って言ったけれど、人間の俺にソウェルなんて到底無理だからな」

ケルトゥリはルウを見て、思わず肩《かた》を竦《すく》めた。アールヴ族の中でも心技体に優れている者は自薦他薦を問わず、皆、一族の長《おさ》であるソウェルを目指す。

後継者《こうけいしゃ》は最終的に現ソウェルからの指名で決まるのだが、当然断った者など居ない。

かくいうケルトゥリも実はソウェルを目指していた中のひとりであった。

ケルトゥリはルウを見て、彼《かれ》が里へ来た時の事を思い出す。

シュルヴェステルが、森の中を彷徨《さまよ》っていた人間族の少年を、いきなり拾ってきたのは10年ほど前……少年は自分の名前以外、生まれた時からの記憶《きおく》がなかった。

当時、ケルトゥリは呆《あき》れた。「何を考えて？」と思ったものだ。

だが歴代のソウェルの中でも卓越《たくえつ》した実力の持ち主と噂《うわさ》されるシュルヴェステルの眼力は決して伊達《だて》では無かった。

ルウ・ブランデルと名乗った10歳くらいの少年はアールヴの里に来てまもなく、めきめき頭角を現したのである。

最初はアールヴ達から疎《うと》まれた。元々アールヴは排他的《はいたてき》な種族であり、異分子を嫌《きら》う。当然いじめや嫌がらせも度々《たびたび》あった。しかしルウはさして気にした様子も無く、誰にでも明るく接し、シュルヴェステルが与える課題を次々とこなしていったのだ。

そしてルウが里に来て3年目の夏……とうとう運命の日はやって来た。

アールヴが行使する魔法の真骨頂《しんこっちょう》は、地・水・風・火という4大精霊《せいれい》の力を行使する精《せい》霊魔法《れいまほう》である。アールヴの魔法使い達は精霊の加護を受ける為に一生に一度、精霊降臨の儀式《ぎしき》を受けるのだ。

人間で言えば魔法属性の適性確認と考えれば分かり易《やす》いであろう。

その日、儀式を受けたのはルウを入れて次期ソウェル候補と言われた10人である。

大勢のアールヴ達が儀式に注目していた。

シュルヴェステルが全精霊の加護を受ける偉大《いだい》なる者の出現を事前に予言していた為であった。

ちなみにケルトゥリも数年前、既に儀式を行い、地の精霊《ノーム》と水の精霊《ウンディーネ》の祝福と加護を受けている。

通常、アールヴ族も得られる魔法適性はひとつであり、これは人間族と全く同じだ。

それ故《ゆえ》ふたつの精霊から力を認められたケルトゥリも素晴らしい複数属性魔法使用者《マルチプル》と言われて自信を持ち、ひとり密《ひそ》かに悦《えつ》に入《い》っていたのだ。

シュルヴェステルが予言した為に大きな注目が集まる中、やがて儀式は始まった……

様々な属性の精霊が現れ、術者へ祝福と加護の証《あかし》を与えて行く。

そして遂《つい》に、ルウの番となった。

その時、目にした光景をケルトゥリは一生忘れないであろう。

火蜥蜴《サラマンダー》、風の精霊《シルフ》、水の精霊《ウンディーネ》、そして地の精霊《ノーミード》の全精霊が何と一度に現れたのだ。

精霊達《せいれいたち》は目を閉じたルウに親しげに戯《たわむ》れ、狂喜《きょうき》して踊りまくった。

里のアールヴ達が見守る中、ルウは何と４大精霊全《せいれいすべ》ての祝福と加護を受けたのである。

偉大なる全属性魔法使用者《オールラウンダー》誕生の瞬間であった。

シュルヴェステルの予言した偉大なる者とは……人間のルウの事だったのだ。

儀式を受けてから、ルウの持つ魔法の才能は一気に開花する。

全属性魔法使用者《オールラウンダー》の称号《しょうごう》を授《さず》かったルウは慢心《まんしん》することなく修行《しゅぎょう》を続け、全属性魔法どころか、無属性系の魔法も含《ふく》めて完璧《かんぺき》に習得して行ったのだ。

シュルヴェステルは自分の見立てを喜び、もうルウに掛かりきりとなった。

ケルトゥリを含めたルウ以外の修行者達の指導は他の長老連中が受け持ったが、扱《あつか》いの差は歴然としており、魔法《まほう》の修行を放棄《ほうき》して行く者も少なくなかったのである。

そのような中でケルトゥリは修行を継続した。２年間頑張って上級魔法使いとして一定の評価は得たが、残念ながら全く目立たなかった。

全属性魔法使用者《オールラウンダー》のルウが規格外過ぎたのである。

上昇《じょうしょう》志向のあったケルトゥリは悩み、考え抜《ぬ》いた末に決心する。

自らの糧《かて》になればと、異なる魔法体系の習得を求めて人間界へ突然旅立ったのだ。

無断で里を出た事により、周囲へとても心配を掛《か》けた事は承知していたが……

そのような経緯《けいい》はあったが、ケルトゥリはルウの事を決して嫌いなわけではない。

一緒に修行して自分に懐いたルウを弟のように可愛《かわい》いと思っていたし、純粋に実力を認めて大いなる目標として腕《うで》を磨《みが》こうと、密かにライバル心を燃やしていたからだ。

「ふふん、さっきのは貸し……だからね」

ケルトゥリが貸しと言ったのは、ルウの『うっかり牝牛発言』のフォローの事だろう。

嘘《うそ》も方便《ほうべん》……実はアールヴ族に、牝牛＝女神信仰《しんこう》など無いのである。

フランだけではなく、ケルトゥリの担当する授業もいろいろ手伝えという含みなのだ。

言い方はきついが、今回のケルトゥリの優《やさ》しさと配慮《はいりょ》はルウにとって嬉しかった。

「分かった」

ルウが笑顔で頷くと、ケルトゥリは満足そうに頷いた。

しかし、何かを思い出したように、眉間《みけん》に皺《しわ》を寄せてルウに問い質《ただ》す。

「でも、あんたがシュルヴェステル様に後継者の指名を受けたのなら、いろいろあったでしょう？　リューは、何て言っていたの？」

「絶対に諦《あきら》めない、お前を必ずソウェルにするって言っていたよ」

「やっぱりね」

思わずケルトゥリは肩を竦めた。苦笑したケルトゥリがリューと呼んだのはリューディア・エイルトヴァーラ、彼女《かのじょ》の実姉《じっし》である。

リューディアも、やはりソウェルを目指して修行していた人物だ。

一族の長《おさ》であるシュルヴェステルに心酔《しんすい》し、彼の命令や考えには絶対服従する考えの持ち主であった。

「俺のせいで争いになったんだ」

ソウェルであるシュルヴェステルの遺志《いし》を尊重しようとするリューディア達に対して、異民族である人間ではソウェルになれないと他の長老達は猛反対《もうはんたい》した。

遂に両者の間で激しい口論となり、挙句の果てには実力行使にも発展しかねない雰囲気《ふんいき》になったのである。

自分がこのアールヴの里にいるせいで不毛な争いが起きてしまう。

こうしてルウは里を出て行く決意を固めた。

元々ルウは人間族であり、10年前にこの里で拾われた異邦人《いほうじん》に過ぎない。

ルウはリューディアに対して代わりにソウェルになるよう、後事《こうじ》を託した。

そうでもしないと、ルウに対しても心酔していたリューディアが、間違《まちが》いなく自分のあとを追って来てしまうからだ。

ルウのたっての願いもあって、結局リューディアは、しぶしぶルウの命令を受け入れる。

彼女の中では今やルウが既にソウェルであり、その命令は絶対的なものだからだ。

こうして……ルウはシュルヴェステルが亡くなってちょうど1ヵ月目の晩にそっと里から姿を消したのであった。

実にルウらしい……ケルトゥリはそう思う。

ルウは穏《おだ》やかな性格もそうだが、野心や欲望が殆《ほとん》ど無いのだ。

一族の長ソウェルになる！

それは全《すべ》てのアールヴ族にとっては甘美《かんび》な響《ひび》きだ。

ケルトゥリは今も自分が指名を受けたら、ぜひなりたいと思っている。

かつて神の眷属《けんぞく》で、誇《ほこ》り高く崇高《すうこう》だと言われるアールヴ族にも上昇志向や権力への野望など人間のような欲はある。自分の才能を高めると共に、見合う栄誉《えいよ》と力が欲《ほ》しいのだ。

ケルトゥリが魔法大学を卒業する際、アデライドから魔法女子学園への誘《さそ》いを受けた時には思《おも》い悩《なや》んだ末に引き受けた。

稼《かせ》ぎの良い冒険者《ぼうけんしゃ》に戻らず、オファーを受けた理由は、はっきりしていた。

王家の宮廷魔術師に匹敵する、ヴァレンタイン王立魔法女子学園の理事長になれれば良いという気持ちがあったのだ。

しかしルウがソウェルの後継指名を放棄している事実を知った今となっては、もっと実力をつけて里に戻り、再びソウェル候補へ名乗りを上げても良いと考えてもいる。

ケルトゥリが唯一《ゆいいつ》気になるのはルウと、理事長アデライドの娘《むすめ》フランシスカの間柄《あいだがら》だ。

「で、あんたは何でまた、あのトンデモ姫様《フラン》の従者になる羽目になったのよ？」

「ああ、ひょんな事でな」

ルウはフランとの出会いを、差し障りの無い程度に話す。

ケルトゥリは話を聞いてやはりルウらしいと思う。

「フランを守ってやりたい」

最後にルウは微笑《ほほえ》みながら言う。

ルウの言葉を聞いたケルトゥリは、何か自分の胸に小さな棘《とげ》が刺《さ》さるかのような錯覚《さっかく》を感じた。

このもやもやした不快感は……一体、何だろう？

ケルトゥリは自分でも理解出来ない思いを抱《かか》え、ルウを見詰《みつ》めていたのである。

# 第31話「恋話《こいばな》」

ルウが教頭室から出て来た。

ずっと待っていたのか、フランは先程と同じ場所に佇《たたず》んでいた。

自分でも大人気《おとなげ》ないと分かっているのであろう。

フランはルウと目を合わせようとしない。

「フラン、これから明日の授業の打合せをしよう！」

ルウは明るく声を掛け、校長室のドアを開けるとフランを無理矢理《むりやり》、中へ押し込んだ。

校長室はケルトゥリが与えられた教頭室とほぼ同じ広さであり、調度品も支給品らしく一緒であった。

ルウとフランは応接の椅子にそれぞれ座《すわ》り向かい合う。

フランはやはり恥《は》ずかしいのか、先程からずっと顔を伏《ふ》せている。

「ケリーはさ、突然アールヴの里から居なくなったんだ。ここで仕事をしているって分かって俺《おれ》、ホッとしたよ」

フランがチラッと見ても、ルウは相変わらず穏やかな表情だ。

久々に会った恋人《こいびと》と、愛を語って来たという雰囲気ではない。

フランはじっとルウの顔を見詰めて考える。

ルウとケルトゥリはアールヴの里で、どのように暮らしていたのだろうか、と。

ずっと修行の毎日？　それとも……

ルウと話す時は、いつもの取り澄《す》ましたケルトゥリとは全く違う『素《す》』が出ている。

ざっくばらんなやりとりを見ても、ふたりの間に何もないわけではないだろう。

フランの妄想《もうそう》は加速する。頭がもやもやしてくる。

教頭の……ケルトゥリの事をずっと心配……していたんだ。

そうよね、姉と弟みたいな間柄だからね。

きっと……そう……いや、姉なんかじゃないとしたら？

ケルトゥリは5年間もルウと一緒に居たんだもの。

会ったばかりの私なんかより、ず～っと距離《きょり》は近いよね……

そんなフランの妄想を伴《ともな》った心配は、ルウのとんでもない言葉によって吹き飛んだ。

「久々に会って、ケリーから今は何をしているのかって聞かれたからさ、俺はフランを守る為にここに居るんだって答えたぞ」

え！　え！　えええええええっ！　何故《なぜ》⁉　何でなの⁉
フランは気持ちが高ぶって思わず天井を向いた。
嬉しい！　嬉しい！　嬉しいっ！
歓喜《かんき》の感情が容赦《ようしゃ》なく自分を突き上げる。
どうしようもない、たくさんの涙《なみだ》が流れ出て、口の中へ容赦なく入って来る。
ああ、涙って、こんなにしょっぱい！
顔を上へ向けたままの情けない格好だが、流れる涙が止まらない。
でも……嬉し涙をルウに見られるよりは良い、断然良い！
「おいおい、フラン。お前の魔力波《オーラ》がすっごく乱れているぞ、大丈夫《だいじょうぶ》か？」
えええっ！　ルウに気付かれているのっ？　う～っ、仕方が無い！
「ル、ルウ！　ち、ちょっとあっちを向いていてくれる？」
フランの言う事に、ルウは素直《すなお》に従って反対側を向いてくれた。
その間にフランは、ハンカチで涙を拭《ふ》いて何とか取り繕《つくろ》う。
「も、もう良いわよ」
フランの声を聞いてルウはゆっくりとこちらへ向き直った。
フランが誤魔化そうとしても眼《め》は真っ赤で、顔も腫《は》れていて大泣きしていたのは一目瞭《いちもくりょう》然《ざん》だ。

しかし酷《ひど》く泣き腫らしたフランの顔を見ても、ルウは気付かない振りをする。

「よっし！　じゃあ、やろうか？　春期講習の打合せを、さ」

「えっ、ええ……」

フランはまだどことなくぎこちない。

ふたりはそれから基礎《きそ》の教科書である魔法学Ⅰのおさらいをし、フランが受け持つ2年C組の生徒達のあらゆる確認《かくにん》をする。名前、身分、性格、そして……接し方も。

やがて会話が弾《はず》んで来たらしく、校長室に笑い声が響く。

ルウの屈託《くったく》の無い笑顔《えがお》を見て、微笑むフランの気持ちも徐々に解《ほぐ》れて行ったのだ。

一方、こちらは職員室……

「ルウ先生……呼ばれたまま、なかなか戻って来ないですね？」

少し寂しそうな面持《おもも》ちで、アドリーヌが呟《つぶや》いた。

シンディが悪戯っぽく笑う。

「へぇ？　ルウ先生がそんなに気になるの？　アドリーヌ先生」

「いえいえいえ！　シンディ先生ったら、何を仰《おつしや》るんです！　私は同期の新人教師としてですね、単に心配して言っているだけです！」

アドリーヌは必死に否定した。

「教頭に苛《いじ》められていなきゃいいけど……」

呟いたのはオルタンス・アシャールである。

何かにつけて要領が悪いオルタンスはケルトゥリから、ちくちくと弄《いじ》られていたのだ。

「あんなイジワル教頭、目じゃないだろう！」

ボワデフル姉妹の姉、カサンドラが忌々《いまいま》しげに呟く。

男勝りといって良い性格のカサンドラは、淑女《しゅくじょ》を育成するこの学園において言葉《ことば》遣《づか》いや態度、そして行動に関して、たびたびケルトゥリから叱責《しっせき》されていたのである。

「でもエイルトヴァーラ教頭ったら……今日はルウ先生が原因なのか、どことなく雰囲気が違っていましたわ」

微笑みながら口を開いたのはクロティルドである。

彼女は元神官であり、男女が結びつく恋の話には目がない。

「何となくですけど、校長と教頭からルウ先生に対する愛の波動を感じましたの」

「ええっ⁉」

「本当⁉」

「鉄仮面の校長があんなに変わったのも驚きだけど、あのプライドの塊《かたまり》みたいな教頭が？」

教師達はシンディを除けば全員独身であり、恋話《こいばな》となれば気になる年頃《としごろ》の娘達《むすめたち》なのだ。

その時、打合せが終わったルウとフランが職員室へ入って来た。

クロティルドが言う通り、確かにフランの表情は輝《かがや》くようだ。

元々、端麗な顔立ちをしていた事もあり、とても華やかな雰囲気を振りまいている。

皆《みな》から渾名《あだな》された鉄仮面の欠片《かけら》もない。

なるほどねぇ……あの【鉄仮面】にも遂に恋の季節が来たのか？

他の教師達は皆、そう思ったに違いない。

それほどフランは美しく変貌《へんぼう》していたのだ。

更《さら》に他の教師達は、しばし経ってから職員室へ戻って来たケルトゥリにも、変化が生じている事を見逃《みのが》さなかった。

直感の鋭《するど》い女性、それも魔法使《まほうつか》いであれば、基本的に人の気配には敏感《びんかん》なのである。

ぱんぱんぱ～ん！

ケルトゥリは自分が好奇な目で見られているのを少しは感じたらしい。

いつもより大きな音を鳴らして手を叩《たた》いたのである。

「皆さん、職員会議を始めますよ、さっさとして下さい！」

教師達を睨《にら》むようにして、全員に会議室へ入るように促《うなが》したのだ。

そして1時間後……職員会議は終了《しゅうりょう》した。あとは各人の裁量による自由勤務となる。

フランはまだ紹介《しょうかい》していない事務方の職員の所へルウを連れて行く事にした。

一応、ケルトゥリへ告げると何故か渋い顔をする。ケルトゥリは自分がルウを、案内の為に連れて行こうと思っていたからだ。

露骨《ろこつ》に不機嫌《ふきげん》そうなケルトゥリの顔を見たら、以前のフランであれば案内役を譲《ゆず》っていたに違いない。

しかし弾けるような笑顔で案内役を宣言したフランは軽く一礼すると、さっさとルウの手を引っ張って職員室を去って行った。

ふたりを見送るケルトゥリの胸には、また先程の棘と同様の痛みが襲《おそ》っていたのである。


フランはルウを、事務方の職員達に引き合わせた後、キャンパスを歩いている。

魔法女子学園のキャンパスは全体を青々とした芝生を養生した広大で美しい物だ。

正門と本校舎の間には噴水《ふんすい》を配した広場がある。フランによると、この噴水も古代遺跡から発見された魔法技術を応用した仕組みだそうで、勢い良く上空に水流を噴《ふ》き上げていた。だが今は春季休暇《きゅうか》中だけあってキャンパスに居る学生もまばらである。

研究室、そして実習室のある各4階建ての別棟《べつむね》を案内してから、フランがルウを連れて向かったのは学生寮《がくせいりょう》であった。フランの説明では、全校生徒約260人のうち約半分近い100人余りが生活しているという。

それだけの大人数が生活しているだけあって、魔法女子学園の学生寮も本校舎と同じ5階建ての建物である。

学生寮《りょう》は女子寮の為に、男性のルウは当然中には入れないが、1、2年生はふたりで、ひと部屋。3年生になって初めて個室が与えられると教えられた。

「ルウ、ちょっとだけ、ここで待っていてね」

フランは寮長《りょうちょう》を呼んで来る為に走った。

寮長というのは学園の指示の下《もと》、学生寮の管理及《およ》び寮生と呼ばれる生徒の生活指導にあたる役職の事である。

当然、女子専用の寮という事で寮長は女性、しかも厳しそうな初老の人物であった。

「寮長のサンドリーヌ・バザンです。ルウ先生、今後とも宜《よろ》しくお願い致《いた》します」

サンドリーヌはコホンと咳払《せきばら》いをする。

新任のルウに対してひと言だけ注意しようというつもりなのだろう。

彼女にとってはルウが若い男性で、人柄が不明だからだ。

「校長と教頭の紹介で理事長も承認《しょうにん》されたから、私が申し上げる事はありませんが……念の為申し上げます。……生徒達《たち》はまだ子供ですが、身体はもう大人です。そして男性に対する好奇心は人一倍旺盛なのです……この意味、分かっていますね？」

鋭い眼差《まなざ》しで睨むサンドリーヌは風紀を守る立場上、ルウへ釘《くぎ》を刺すのを忘れなかった。

フランはつい苦笑してしまうが、サンドリーヌは真剣《しんけん》そのものだ。

「彼は先生であると同時に私の従者でもありますから、万が一の場合責任は私が取ります」

フランがきちんと申し入れるとサンドリーヌは、ようやく笑顔に戻ったのである。

学生寮を後にしてキャンパスの噴水広場に戻るふたりであったが、ここで見覚えのある顔が目に入った。

先日、食事を共にしたルウ達の担当クラスの生徒、ミシェルとオルガである。

つい、声を掛けようとしたルウとフランであったが、彼女達の顔が異常なほど、打ち拉《ひし》がれているのを見て思いとどまった。

ふたりを連れて先頭に立っている人物がその理由らしい。

颯爽《さっそう》と歩く長身の少女はウェーブのかかった豊かな金髪《きんぱつ》をふわっと風になびかせている。

濃紺色《のうこん》の革鎧《かわよろい》を纏い、腰《こし》には魔法剣《まほうけん》らしいショートソードを提げ、完全に剣士《けんし》の出で立ちである。

３人が向かうのはどうやら屋外闘技場《とうぎじょう》のようだ。

「あの子は、この魔法女子学園の生徒会長、３年A組のジゼル・カルパンティエよ」

フランによればジゼルは既に王国騎士に内定が噂《うわさ》されているカルパンティエ公爵《こうしゃく》の次女である。卓越した剣技と水属性の攻撃魔法《こうげきまほう》と防御魔法《ぼうぎょまほう》、そして治癒《ちゆ》系の回復魔法を使いこなす、この学園きっての才媛《さいえん》だという。

ジゼルの表情は厳しく、深く憂《うれ》えているといった雰囲気だ。

「ミシェルとオルガはジゼルの所属する魔法武道部の後輩《こうはい》と言うか、愛弟子《まなでし》みたいなものよ……でも、まさか⁉」

フランはルウへ、自分と一緒に闘技場に行こうと促したのである。

# 第32話「麗人」

ルウとフランは険しい顔付きのジゼル・カルパンティエに『連行されている』ミシェルとオルガの後を追って行く。

方角から分かるが、行き先は屋外の闘技場だ。

普段は学園行事、授業における魔法の練習、武技の試合や鍛錬《たんれん》などに使う場所である。

フランによればジゼルは索敵《さくてき》の魔法を習得済みだという。

だからルウ達が後を付いて来る事は承知の上であろうが、立ち止まって問《と》い質してくる様子は無い。

ジゼル達３人が闘技場へ入る。

ルウとフランもあとに続こうとした時に、闘技場の中からジゼルの声が響く。

「そこにいらっしゃるのは、ドゥメール校長代理でしょうか？」

「そうよ」

フランが即座《そくざ》に答えると、ジゼルは少し戸惑《とまど》った様子で問うように言葉を続けた。

「もうひとり！　そこに誰か居るのか、居ないのか？」

ルウ達が無言でいると、ジゼルの苛立った声が響いて来る。

「……私ともあろう者が分からないとは……もしや人間ではなく校長の使《つか》い魔《ま》か？　気配からすれば、害が無い野生動物のようにも思えるが？」

「え？　ルウが、使い魔か、害の無い野生動物ですって⁉　うっぷぷぷぷ……」

ジゼルの言葉に思わず吹き出すフラン。

ルウはいつもの通り穏やかな表情だ。

いつ魔法を発動し、一体どうやっているのか。

方法は不明だが、ルウはジゼルの索敵《さくてき》魔《ま》法《ほう》に対して偽《にせ》の情報で返したらしい。

「むむむ、校長！　……貴女《あなた》のその反応だと……もうひとり居ますね？」

失笑されたと受け取ったジゼルの声に凄《すさ》まじい怒《いか》りが篭《こも》っている。

やがて……肩を怒《いか》らせた長身の少女が屋外闘技場の入り口に現れた。

ジゼルである。

ルウは反射的にフランを手で制して、ずいっと前に出た。

ジゼルは腕組《うでぐ》みをしてルウとフランへ鋭い視線を投《な》げ掛けている。

ヴァレンタイン王国の貴族社会でもカルパンティエ公爵家令嬢《れいじょう》ジゼルの美しさは有名だ。

ウェーブのかかった豊かな金髪、鼻筋の通った美しい顔立ちと、引き締《し》まった口元が凛々しい雰囲気を醸《かも》し出している。

しかし魅惑的《みわくてき》なダークブルーの瞳《ひとみ》は、プライドを傷つけられた怒りに激しく燃えていた。

ジゼルの背後には相変わらず元気の無いミシェルとオルガのふたりが、しょんぼりと立っている。

「ほう！　何故私の素敵が効かなかったか、不思議だが……その男が新しく従者になったという魔法使いですか？」

「そんな事より、ジゼルさん。私のクラスの生徒をどうするつもり？」

ルウの背後に居るフランが言い放った。

しかしジゼルは平然と言い返す。

「ああ、ミシェルとオルガの件ですね。校長には……一切《いっさい》関係の無い事です」

「関係が無い？　ふたりとも私のクラスの生徒よ」

フランの抗議《こうぎ》を聞いたジゼルは、皮肉な笑《え》みを浮《う》かべる。

「笑止《しょうし》！　今まで自分のクラスにまったく関心が無く生徒達を放置していたのは誰です？」

「そ、それは！」

容赦ない指摘《してき》をするジゼルに、フランは反論が出来なくなった。

悔《くや》しいが身に覚えがある……残念ながらジゼルの言う事を認めざるを得ないからだ。

「ミシェルとオルガの面倒《めんどう》を見て来たのは、この私。貴女みたいな無責任な人に今更《いまさら》、どうこう言われたくないですね」

「…………」

フランが黙《だま》り込んだのを見て、ジゼルはますます勝ち誇る。

「私の目を真《ま》っ直《す》ぐに見ないし、様子もおどおどしておかしかったので問い詰めたら白状しましたよ。ふたりは先日あろうことか、単なる好奇心《こうきしん》から他人を尾行《びこう》して私生活《プライベート》を盗み見ようとした。まだまだ半人前の癖《くせ》にです。このような不埒な行動をしていては王国騎士《きし》どころか、一人前の淑女にもなれやしない」

ジゼルはそう言うとショートソードの柄《つか》に音を立てて手を掛け、フランを射抜《いぬ》くように見る。

「ミシェル達に教育的指導をする、いわば貴女のするべき業務を代わりに私が遂行してあげている。貴女は職務怠慢《たいまん》を反省すべきだ！　逆に私へ感謝して貰《もら》いたいくらいですね」

フランは持論を展開するジゼルに何も言い返せず、唇《くちびる》をぐっと噛《か》み締めていた。

公爵令嬢《こうしゃくれいじょう》であるジゼルに対しての遠慮《えんりょ》もあるが、それ以前に覚えがあるのであろう。

その時であった。

「でもなぁ、お前も他人の事をいろいろ知りたいと思っているじゃないか。ミシェル達を一方的に責めておいてそれはどうなるんだ？」

いきなり口を開いたのはルウである。

「は⁉」

いきなりお前呼ばわりされた上に、矛盾《むじゅん》を指摘されたジゼルは呆気《あっけ》に取られ、そして怒り心頭となる。

「な、な、な、何を、き、貴様！　わ、私が他人の事を知りたいなどと⁉　ば、馬鹿《ばか》な！」

盛大《せいだい》に噛んだジゼルの言葉は、ルウの指摘が真実である事を示していた。

更にルウはジゼルの退路を断つように言う。

「嘘だな！　お前はシンディ先生に憧《あこが》れているのだろう。彼女の強さも、そして生き方も」

「ええっ⁉」

「ほ、本当ですか⁉」

ズバリと指摘したルウの言葉に、驚《おどろ》いたのはミシェルとオルガである。

フランも目を丸くして驚いていた。

ジゼルは、魔法女子学園生徒会長として、魔法武道部部長として、日頃《ひごろ》から王国騎士とは、そして淑女とはいかなるものかと、自らを指針にして生き方の模範《もはん》を語っている。

ジゼルの生き方を徹底的《てっていてき》に叩き込まれて来たミシェル達からすれば『我《わ》が道を行く』という主義のジゼルが、他人の生き方を気にするなど、とても意外なのである。

そのジゼルが密かに憧れる相手として、ルウが指摘したのが魔法女子学園の教師シンディ・ライアンこと旧姓シンディ・オルブライトである。

かつてのシンディは学園在籍《ざいせき》時に現在のジゼル以上の評価をされた、鉄姫と渾名される程《ほど》の優秀《ゆうしゅう》な生徒であった。

シンディは在学時に模擬《もぎ》試合で、同学年の魔法男子学園の騎士候補生をあっさり一蹴《いっしゅう》し、大人である王国騎士隊副隊長の男性騎士とも互角《ごかく》に渡《わた》り合える程の腕を誇った。

身分の低い騎士爵の三女という出自ではあったが、シンディは卒業後に女性では初の魔《ま》法騎士《ほうきし》になると、いきなりヴァレンタイン王家の第一王女の護衛を任せられたのである。

しかし第一王女が某国《ぼうこく》に嫁《とつ》ぐとシンディは結婚《けっこん》してあっさりと魔法騎士を辞めてしまう。

ちなみにシンディの結婚相手は当時若くして王国騎士隊副隊長を務めていたキャルヴィン・ライアン伯爵《はくしゃく》である。彼こそはかつてシンディが模擬試合をした男性騎士であった。

つまり模擬試合をしたのが縁《えん》で、運命の出会い的な結婚をしたのであった。

結婚後、まもなくキャルヴィンとシンディの間には男の子が生まれ、子育てに専念。

子供が成長して手があまりかからなくなった時に、理事長アデライドの誘いもあり、母校の魔法女子学園へ復帰して教鞭《きょうべん》を執《と》っているのだ。

そして今や優秀な教師となったシンディの姿はとても幸せそうだと巷《ちまた》で評判なのである。

「お前はシンディ先生に聞きたいのさ。どうしてあんなに強くなれたのか？　王女をどんな気持ちで守っていたのか？　何故エリートの象徴である王国魔法騎士を辞めたのか？　結婚して今も幸せなのか？　教師となった現在の心境はどうなのか？　根掘《ねほ》り葉掘《はほ》りな」

「ううう、き、貴様ぁ！　何を根拠《こんきょ》にそんな事をっ⁉」

ルウの指摘に対してジゼルは思わず叫《さけ》ぶ。

しかし明らかに動揺《どうよう》しており、これでは図星なのがまる分かりである。

ルウは惚《とぼ》けた表情でしれっと言う。

「おお、そうか？　根拠ねぇ……ははっ、占術《せんじゅつ》だな」

「は⁉」

「実は俺って、占いが専門なんだ。ううむ、お前の悩む顔にそう出ているぞぉ」

「うぷぷぷ……」

ルウの言葉を聞いたフランは笑いを堪《こら》えるのに必死だ。

フランには分かる、ルウは完全にジゼルを手玉に取っている。

ただでさえ、ルウは占術が苦手だと言っていたのだから。

ミシェルとオルガはまだ呆気に取られていた。

「ふざけるなぁ！　根も葉もない嘘を言って私を侮辱《ぶじょく》しおって！　名を名乗れ！」

ジゼルは怒鳴《どな》ると数回、深呼吸をした。徐々《じょじょ》に呼吸が整い、落ち着きを取《と》り戻《もど》してくる。

魔法使い特有の呼吸法を使い、後輩の前でやっと自分を取り戻して来たようだ。

「俺はルウ、ルウ・ブランデルだ」

「ルウだと？　貴様は卑《いや》しい平民だろうが！　平民の分際で貴族をこのように侮辱したら、どうなるか教えてやる！　決闘だ！　校長、当然問題は無いだろうな？」

ジゼルの目は真剣であった……これは本気だ。

フランはさすがに吃驚《びっくり》してルウを見る。

一転、今迄《いままで》穏《おだ》やかだったルウの表情が厳しく変わり、きっぱりとジゼルに言い放つ。

「ジゼル！　お前こそ学生の分際で教師を侮辱した。よって主人フランシスカ様の代理であるこの俺がお前に決闘を申し込もう！」

ルウからこのようにはっきりと切り返されるとは思っていなかったのだろう。

ジゼルは目を大きく見開き、悔しそうに唇を噛み締《し》めた。

まともに剣を振《ふ》るい、魔法を行使すれば命にもかかわるのだが、ヴァレンタイン王国では決闘裁判や私闘による命を賭《と》した決着が認められている。

しかしジゼルも学園で教師と単純に殺しあうほど愚《おろ》かではない。

相手は平民であり、ヴァレンタイン王国の身分の格差は大きい。もし決闘と脅《おど》かせば、ルウの方から謝《あやま》ると計算していたようだ。

だが、こうなってはお互《たが》いに後へは引けなくなってしまった。このまま生死を賭けた決闘をさせるわけにもいかないので、さすがにフランは首を振った。

「ジゼルさん、ルウ……先生。校長としては学園内で命のやり取りを認めるわけにはいかないわ」

「で、では、一体どうするのだっ！」

ジゼルはフランに噛みつかんばかりの勢いで迫《せま》った。

「ええと、そうね……じゃあ今週末に学園所有の狩場《かりば》の森で、魔物《まもの》を狩《か》ってその質と数を競うというのはどうかしら？　ふたりでひと組とかで——こちらは私とルウが組むわ」

「はぁ⁉　狩場の森ぃ？」

ジゼルは拍子抜けしたようにフランを見た。場に張り詰めていた空気が和らいで行く。

「どう？　それとも勝負をやめる？」

フランが改めて問うと、ジゼルは激しく首を振った。

「何を言っている！　カルパンティエ家の誇りにかけて、この私が逃げるわけがないだろう！　分かった！　この勝負、受けるぞ！」

フランの提案に対して、最初ははぐらかされたと感じたジゼルであったが、結局は勝負を受ける事となった。フランの機転で最悪のケースは避けられたのである。

安堵《あんど》したフランはジゼルに念を押す。

「良かった！　じゃあ決まりね！　理事長に話して使用許可を取るから」

「分かった！　その代わりに約束しろっ！　勝負に負けた方が何でも言う事を聞くとな！」

憤懣《ふんまん》やるかたないといった様子のジゼルは、肩《かた》を怒らせて去って行く。

説教をする筈《はず》の後輩の事など、すっかり忘れてしまったらしい。

ミシェルとオルガはその場に残されてしまったのだ。

事の成り行きに驚いて、ミシェル達はルウとフランを心配して何か言おうとした。

「まあ、任せろ」

しかしルウは心配無用とばかりに、いつもの笑顔を見せたのである。

# 第33話「計算」

「あのぉ、任せろって仰《おつしや》って……校長先生、ルウ先生、本当に大丈夫《だいじょうぶ》ですか？」

「何か巻き込まれたみたいになっちゃって、私達の為《ため》に本当に済みません……」

ミシェルとオルガはふたりともとても申し訳無さそうに俯《うつむ》いていた。

ジゼルはよほど怖《こわ》い先輩《せんぱい》なのだろう、完全に萎縮《いしゆく》している。

一方、ミシェル達を見たフランは罪悪感に責め苛《さいな》まれたらしい。

加えて、ジゼルに責められた言葉が脳裏《のうり》に甦《よみがえ》って来たようだ。

「違《ちが》うわ！　今迄《いままで》クラスの担任として貴女達《あなたたち》の面倒を見なかった私が一番悪いのよ。御免《ごめん》ね！　本当に御免ね！」

フランはふたりに近付き、きゅっと抱《だ》き締めた。

「ええっ⁉」

ミシェルとオルガは吃驚してルウに助けを求めるように見るが、ルウはゆっくりと首を振る。

フランの気が済むまでこのまま我慢《がまん》してくれという、ルウからの暗黙《あんもく》のお願いであった。

ルウが頼《たの》み込むのを見て、ふたりの少女は諦めたように顔を見合わせた。

魔《ま》法《ほう》女子学園に就職してから教師という職務を、フランは自分なりに務めてきたつもりである。

しかし生徒に懐《なつ》かれず、コミュニケーションも上手《うま》く行かなかった自覚があった。

フランが、生徒会長であるジゼルから詰《なじ》られて責任を感じている事は明らかで、結局数分間、ミシェルとオルガはフランに抱き締められたままであった。

漸《よう》くフランから解放されてホッとしたミシェル達へ、ルウは問う。

「ジゼルの教育的指導って何だ？」

一瞬《いっしゅん》、答える事を躊躇《ためら》うふたりであったが、お互いの顔を見合わせると観念したように口を開く。

「まず訓話が1時間、そして瞑想《めいそう》が1時間で、その後に剣の素振《すぶ》りが1時間、そして……」

「うわぁ！　それって……まだあるの？」

驚いてドン引きするフランは、うんざりした表情でミシェルに尋《たず》ねる。

「はい、最後に素手《すで》の組み手と剣の模擬試合が1時間ずつあります」

計5時間の説教&指導？

呆《あき》れて苦笑《くしょう》するルウとフランに対して、ミシェルとオルガは意外にも反論した。

厳しい事は否《いな》めないが、頼れる先輩としてジゼルの事は決して嫌《きら》いではないという。

3年生で生徒会長でもあるジゼルは、自身の進路の件もあって超多忙《たぼう》なのに、自分達に親身になって付き合ってくれる。このような優《やさ》しい先輩は滅多に居ないと、逆に擁護したのである。

ミシェル達がジゼルを必死に庇《かば》うのを聞いて、フランはやはり自分は至らない教師であったと深く反省した。

いくつかのやりとりのあと……

ミシェルとオルガは寮へ戻ると言って、手を振りながら去って行った。

一方、本校舎に戻るフランの足取りは重く、愚痴は止まらない。

「あ～あ、自己嫌悪《けんお》だなぁ……」

落ち込むフランへ、ルウが声を掛《か》ける。

「フランはちょっとだけ疲《つか》れて休んでいただけじゃないか、また元気になって歩き出したと思えば全然問題無いさ」

「本当？」

「ああ、あの子達やジゼルも含《ふく》めて、今後、生徒達へ親身になって接してあげれば良いのさ……フランならきっと出来るよ」

「そうか……ルウの言う通りだね！　これから私、一生懸命《いっしょうけんめい》に頑張るよ、ルウ！」

ルウの温かい言葉を聞いて、フランは元気と笑顔を取り戻したようだ。

「よっし、じゃあ明日の打合せの続きをしよう」

「ええ！」

完全に元気を取り戻したフランはルウと本校舎に戻って行ったのである。


ジゼルはいらいらして早足で歩いて行く。

抑《おさ》えきれない感情が全身を熱くするのは、ジゼルの誇《ほこ》り高《たか》いプライドを思いっきり傷つけられた衝撃のせいだ。そして自分の隠された思いを、白日《はくじつ》の下《もと》に曝《さら》された激しい怒りと後輩への恥ずかしさも加わって、あの生意気な平民教師への我慢出来ない憎しみが噴き上がる。

「バザンさん、御機嫌《ごきげん》よう」

「御機嫌よう、ジゼル様」

ジゼルはバザンの方を振り向《む》きもせずに挨拶《あいさつ》を行い、学生寮の中に入った。

バザンは思わず苦笑して肩を竦《すく》める。

生真面目《きまじめ》な公爵家のお嬢様《じょうさま》はその日の気分次第でご機嫌《きげん》が、がらりと変わるのだ。

ジゼルはもうひとつ許せなかった事があった。

傍若無人《ぼうじゃくぶじん》と思われる、ルウの言葉遣いに対してである。

自分に対して「お前」などと失礼な呼び方をする人間は今まで居なかったのだ。

両親や兄姉でさえ名前で呼ぶ自分を！

それも平民風情《ふぜい》が偉《えら》そうに「お前」だと⁉

貴族に対して本当に失礼だ！　絶対に許せない！

この怒りは魔物狩りの勝負でフランシスカ主従を完膚《かんぷ》なきまでに叩きのめし、敗者の屈《くつ》辱《じょく》を味わわせて鎮める。ペナルティとして思い切り恥《はじ》もかかせてやらねばなるまい。

沸々《ふつふつ》とマグマのように煮えたぎる怒りを無理矢理押《むりやりお》さえつけて、ジゼルは寮の、とある部屋まで来ると、扉《とびら》を乱暴にノックする。

すると含み笑いをする悪戯《いたずら》っぽい少女の声が返って来る。

「うふふふ、そんなに心を乱していては学園一の才媛が台無しだよ」

「おお、ナディア、居たか？　頼みがある！　このような事を頼めるのはお前しか居ないのだ！」

扉を開けてジゼルを迎えたのは同じ3年A組の同級生で、生徒会副会長を務めるナディア・シャルロワであった。

ナディアはさらさらの栗毛《くりげ》をポニーテールにした、切れ長の目に綺麗《きれい》な鳶色《とびいろ》の眼《め》を持つ美少女である。身長は長身のジゼルより僅《わず》かに低いが、伸び伸びしたスレンダーな肢体《したい》はいかにも敏捷《びんしょう》そうだ。

「まあまあまあ！　ジゼル、落ち着いて！　最初から話してごらんよ」

――30分後、ジゼルは決闘の事を含め、自分の思いの丈《たけ》をナディアにぶつけていた。

「うん！　話は分かったよ。君が勝負する魔物狩り競争でボクが力を貸せば良いのだろう」

ジゼルからルウとの経緯《いきさつ》と勝負の説明を受けたナディアはにこにこしながら頷《うなず》いた。

「済まん！　今回は私的な決闘なんだ。だから同じ魔法武道部のシモーヌには頼めない。恩に着る！　本当にありがとう！」

ジゼルは両手を合わせて、ナディアに感謝の意を伝えている。

親友の好意が嬉《うれ》しいらしく、涙まで滲《にじ》ませていた。

「そんな――恩なんて、君とボクの仲じゃないか」

ナディアは、学年成績では常に上位の優《すぐ》れた魔法使いである。父エルネスト・シャルロワは子爵《ししゃく》であり、ヴァレンタイン王国でも代々続いた由緒《ゆいしょ》ある家柄《いえがら》であった。

しかし同学年に爵位が遥《はる》かに上で、成績も常に上であるジゼルが存在した。

その為、ナディアは常にナンバーツーのレッテルを貼られていたのである。

プライドの高いナディアにとっては屈辱の日々であった。

鬱屈《うっくつ》したナディアはいつの日かジゼルに成り代わり、魔法女子学園ナンバーワンになりたいという野望を持つようになっていたのである。

だが、そう簡単にいくわけはない。ナディアはずっとチャンスをうかがっていたのだ。

そして……とうとうチャンスは訪《おとず》れた。

ナディアにとってジゼルは親友でもある。良く公私に渡って悩みを相談される。

今回ジゼルから相談されたフラン達との決闘話は、ナディアにとって千載一遇《せんざいいちぐう》のチャンスであった。

表向きはジゼルに恥をかかさないようにして、さりげなく自分の実力がこの生徒会長より上だという事を学園へアピールすれば……友情も壊《こわ》れず完璧《かんぺき》なのだ。

「うふふ、心配しなくても、ボクがしっかりフォローするよ」

喜びのあまり、涙《なみだ》ぐんで抱きつくジゼルの背中を優しく擦《さす》りながらナディアは笑う。

その時！　笑うナディアの瞳の色が急激に変化し始める。

切れ長の目に煌《きらめ》く鳶色の美しい瞳が真っ赤に染まり、口元がかあっと大きく醜《みにく》く開く。

その様子は普通《ふつう》の人間であれば正視出来ない程の、邪悪《じやあく》さと禍々《まがまが》しさをたたえていた。

だが……ナディアの恐《おそ》るべき変貌に、ジゼルは全く気付いていなかった。

一方、本校舎校長室……

ルウとフランが肘掛付き長椅子《ソファ》に座《すわ》っている。

フランは早速《さつそく》ジゼルとの『対決』を、理事長である母アデライドへ伝えたらしい。

「勝負の件だけど……狩場の森を使用する事も含めてあっさりと了解《りようかい》してくれたわ」

「よかったじゃないか」

「大笑いしているのよ、お母様ったら！　とても面白そうだから私がジゼル側の立会人をやるって……でも……」

フランの顔が曇るのは、何か気になる事があるのだろう。

ルウは優しく問い掛ける。

「でも……どうした？」

「ええ、私から勝負を言い出しておいて悪いけど、ルウの足を引っ張らないか心配なの」

「足を引っ張る？　どうして」

「ジゼルは絶対に生徒会副会長のナディアを引っ張り出してくるわ。あのふたり、ぴったり息が合うの。全生徒の中では最強コンビって言われているのよ……はぁぁ」

「大丈夫さ。前にも言ったよな、フランにはもっと魔法使いとしての力が眠《ねむ》っているって」

「本当？」

ルウによれば自分にはまだまだ伸びしろがある、そうだったら嬉しい！

でも……本当に期待して良いのだろうか？

黒雲のような不安も、穏《おだ》やかな表情で自分を見詰《みつ》めるルウを見ると、フランは心がとても軽くなる。

「ああ、本当さ！　少しずつだけど……俺《おれ》がフランの力を伸ばせるよ。まあ、任せろ」

「ありがとうっ！」

ルウの優しい言葉を聞いたフランは喜びの余り、彼《かれ》の胸に思い切り飛び込んでいたのであった。

# あとがき

初めての方は初めまして！　ご存知の方は改めまして！

著者の東導　号と申します。

この度は『魔法女子学園の助っ人教師』を手に取って頂き、ありがとうございます。

そして、お買い上げ、誠にありがとうございます！

え？　立ち読み？　そんなあ！　ぜひぜひ本書をお買い上げの上、連れて帰ってやって下さい、これも何かのご縁ですから。

さて本作品は２０１４年９月１４日から「小説家になろう」様で連載開始されています。

本書を読んで、ＷＥＢ版を既にお読みになっている読者様はまだここまでなの？

という感想をお持ちになったと思います。

そうなんです、本作品は超が付く長編で通算８００話を楽に超えております。

このように長くなった理由はまず主人公ルウの規格外ともいえるスケールに尽きます。

ルウは単なる魔法使いではありませんし、謎めいた彼の正体は物語が進むにつれて少しずつ明らかになります。加えて、フランを始めとした素晴らしいヒロイン達も物語に深く絡んで行きます。

今回、本書へ壮大なスケール感を与えて下さったのが、とよた瑣織先生のイラストです。著者の願いを快くお聞き入れ頂き、こちらの持つイメージ以上の素晴らしいキャラクターと華麗な魔法世界を描き出して頂きました。深く感謝しております。

さて、この作品は読者様にはご存知の通り、悲しくなる要素が殆どありません。著者の方針として、読んだ方が明るくハッピーになれる内容にしたいと思っているからです。物語はまだまだ続きますので、引き続き完結までご愛読して頂ければ嬉しいです。

最後に……

応援して下さる読者の皆様を始めとして、ホビージャパン様含めて関係者の皆様、拙い著者を支えて下さる全ての方々へ、心よりの御礼を申し上げたいと思います。

東導　号

HJ NOVELS
HJN24-01

# 魔法女子学園の助っ人教師

2017年4月22日　初版発行

著者——東導 号

発行者—松下大介
発行所—株式会社ホビージャパン
〒151-0053
東京都渋谷区代々木2-15-8
電話　03(5304)7604（編集）
03(5304)9112（営業）

印刷所——大日本印刷株式会社
装丁——世古口敦志（coil）／株式会社エストール



ISBN978-4-7986-1436-6　C0076

**ファンレター、作品のご感想お待ちしております**
〒151－0053　東京都渋谷区代々木2－15－8
(株)ホビージャパン HJノベルス編集部 気付
**東導 号 先生／とよた瑣織 先生**